MÉMOIRE

CONTENANT DIVERSES LETTRES ÉCHANGÉES

ENTRE

Monsieur HENRI LIONNET, Avocat

ELISA LIONNET, sa Sœur

ET

P. ÉMILE ANTOINE, son beau-frère

Avec Réflexions à l'appui.

ADRESSÉ

à MM. les Membres du Barreau de la Cour Royale, à MM. les Avoués
et aux notables habitants de l'Ile-Maurice,

PAR

P. ÉMILE ANTOINE

EXPERT EN COMPTABILITÉ COMMERCIALE

15, rue dn Port-Saint-Ouen, à Batignolles-Clichy.

PARIS

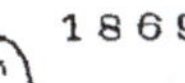

PARIS

TYPOGRAPHIE TURFIN ET AD. JUVET

9, COUR DES MIRACLES.

1869

A MM. LES MEMBRES DU BARREAU DE LA COUR ROYALE, A MM. LES AVOUÉS
ET AUX NOTABLES HABITANTS DE L'ILE-MAURICE.

MESSIEURS,

La publication que je crois aujourd'hui devoir entreprendre n'est point une œuvre de vengeance, mais une œuvre de réhabilitation.

Par suite de circonstances déplorables, ma réputation d'homme d'honneur et de probité, réputation que tous les actes de ma vie ont eu pour but de mériter, a été au milieu de vous, Messieurs, gravement atteinte. Je me dois à moi-même, maintenant que j'ai la liberté d'esprit nécessaire pour accomplir cette tâche, de faire la lumière sur les faits se rattachant à mon séjour à Maurice, et de réduire ainsi à néant les calomnies dont ma conduite a été l'objet.

Vous tous, Messieurs, qui m'avez mis, de très-bonne foi, d'ailleurs, au ban de l'opinion; vous qui n'avez vu en moi, trompés par des récits odieusement imaginaires, qu'un fourbe et qu'un misérable spéculateur; vous enfin dont la religion a été surprise au point de considérer comme un triomphe du droit et presque de la vertu, l'acquittement de mon adversaire, — veuillez lire attentivement les pièces qui suivent, et permettez-moi d'ajouter que je tiens en trop haute estime votre esprit de sagesse et de droiture pour douter, après cette lecture, du succès de ma cause.

Mon intention n'est pas, pour plusieurs raisons que je vais dire, de publier aujourd'hui la totalité des lettres que j'ai en mains.

D'abord, quelques-unes de ces lettres n'ont aucunement trait à l'affaire que je tiens à honneur d'exposer sous son vrai jour : ce sont celles qui ont été échangées entre M. Henri Lionnet et sa Sœur, avant l'époque de mon mariage; ensuite, d'autres lettres importantes écrites depuis cette époque, ne perdent rien de leur intérêt à être résumées. — J'ai donc résumé celles-ci et remis à plus tard la publication de celles-là; — car je me réserve de réunir, dans une brochure qui paraîtra à son heure, *tous* les documents que je possède. — Diverses lettres sont insérées en entier dans cette publication; on verra qu'elles valent la peine d'être mises au jour.

La première lettre qui doit figurer ici est celle qu'écrivait, à la date du 12 octobre 1864, M. Henri Lionnet, répondant à Madame Gardette, de Bordeaux. — J'avais fait part à cette dame, chez laquelle la sœur de M. Lionnet prenait pension, de mes vues sur cette jeune personne.

Voici la réponse que fit M. Henri Lionnet :

Madame,

« J'ai reçu votre lettre dans laquelle vous me faites part d'une demande en mariage qui a été faite à ma sœur par un jeune homme de Bordeaux.

D'après les renseignements que vous me donnez sur ce jeune homme, et la manière amicale avec laquelle vous me parlez de lui, il me semble que c'est un parti convenable pour ma sœur; du reste, je laisse à Elisa toute liberté de consentir ou de refuser : *Pour ma part, je lui conseillerais d'accepter.*

Quant aux renseignements que vous me demandez sur ce que pourra avoir ma sœur de la succession de notre père, je ne puis vous donner le chiffre exact de la part qui lui reviendra; je ne puis non plus vous dire à quelle époque ces affaires seront terminées.

Quant à sa pension, je m'engage à lui verser, dans le cas où elle se marierait, la rente de 1,200 francs par an, jusqu'à ce que les affaires de la succession soient réglées.

Je regrette, madame, de vous dire que je n'ai pas en ma possession l'acte mortuaire de notre pauvre père, et qu'il me faudra écrire à Maurice pour l'avoir. J'espère recevoir cet acte dans les premiers jours de janvier.

Je vous prie de me faire savoir ce qui sera décidé.

Recevez, madame, mes remerciments pour l'intérêt que vous semblez porter à ma sœur, et croyez-moi toujours,

Votre bien respectueux,
Henri LIONNET.

Madame Gardette me donna communication de cette lettre. Après en avoir pris connaissance, j'écrivis à M. Henri Lionnet en ces termes :

Bordeaux, le 14 octobre, 1864.

Monsieur H. Lionnet, Londres,

J'ai l'honneur de vous informer que prétendant à la main de Mademoiselle Elisa Lionnet, votre sœur, il m'a été donné communication de la lettre que vous avez bien voulu répondre, concernant ce mariage.

Désirant éviter toute espèce de mésintelligence qui pourrait survenir relativement à une position annoncée et qui, par la suite, ne serait pas tout à fait fondée, je prends la liberté, monsieur, de vous poser quelques questions nécessaires à l'éclaircissement de cette position ; croyez que ces questions ne vous sont nullement adressées dans un but de lucre ni de marchandage, mais seulement dans le but de savoir sur quoi nous pouvons compter, pour nous installer en conséquence.

Votre lettre dit que vous ferez à Mademoiselle votre sœur une rente de 1,200 francs, jusqu'à la fin de la liquidation de la succession de Monsieur votre père. Cette rente est-elle le revenu approximatif sur lequel Mademoiselle Elisa peut baser ses espérances, où est-ce à titre de prêt ? et que doit-il lui rester après la liquidation dont vous parlez ? enfin, Monsieur, ce que j'ai l'honneur de vous demander, c'est le détail approximatif de la position de fortune de Mademoiselle votre sœur.

Je vous le répète, Monsieur, ne voyez dans ma démarche aucun esprit mercantile. Mademoiselle votre sœur me convient, et je dois vous déclarer que, sans fortune, je la prendrais pour mon épouse, et la rendrais aussi heureuse que si elle m'apportait une forte dot ; mais il existe un vieil axiome qui dit : Suivant ta bourse, gouverne ta bouche ; c'est donc pour le suivre et afin de nous installer suivant notre position exacte, qu'avec le consentement de Mademoiselle votre sœur, j'ai pris la détermination de me mettre en rapport avec vous directement.

J'aime à penser, Monsieur, que ma façon d'agir, loyale et franche, vous déterminera à agir de la même façon envers moi et que vous voudrez bien m'honorer d'une réponse le plus tôt que vous le pourrez.

Veuillez agréer, Monsieur, l'expression des sentiments distingués de celui qui n'aspire qu'à se dire bientôt,

Votre beau-frère,
P. Emile ANTOINE.

Voilà, ce me semble, qui est clair et catégorique. Je désire épouser Mademoiselle Elisa Lionnet, quelle que soit sa position ; mais comme il me faudra régler mes dépenses sur mes revenus, je tiens à être positivement édifié sur la position de celle qui va devenir ma femme.

À cela, M. Henri Lionnet répond :

Londres, 22 octobre 1864.

Monsieur,

Je reçois votre lettre à l'instant et je m'empresse d'y répondre ; je ne l'ai pas fait plus tôt ayant été absent de Londres.

Aux renseignements que vous me demandez, Monsieur, sur la position future de ma sœur et sur la rente annuelle que je dois lui faire jusqu'au moment où la succession sera réglée, je vous répondrai, premièrement, que cette rente ne sera nullement à titre de prêt, mais un don.

Quant à ce qui reviendra à ma sœur de la succession, je crois *qu'elle aura à peu près la même rente.* Je ne puis vous répondre à ce sujet d'une manière plus positive, *pour la raison que je connais fort peu les affaires de la succession, n'ayant pu m'en occuper personnellement.*

La fortune que notre père a laissée consiste en propriétés sucrières qui doivent encore ; elles sont en train de se liquider quoique lentement. Je ne puis donc, cher Monsieur, vous fixer ce qui reviendra à ma sœur et l'époque du règlement de la succession, tout dépendra de la tournure que prendront les affaires. Du reste, vous serez aux droits de votre femme et vous serez à même de veiller sur ses intérêts.

Maintenant, cher Monsieur, je vous dirai, que dans le cas où les intérêts de la somme qui doit revenir à ma sœur, n'atteindraient pas le chiffre de 1,200 francs par an, je lui ferais abandon de ce qu'elle me doit, c'est-à-dire de la pension que je lui ai faite depuis la mort de mon père.

J'espère, cher Monsieur, que vous apprécierez la franchise avec laquelle je vous réponds et que vous accepterez l'expression de mes sentiments distingués.

Veuillez, je vous prie, donner de mes nouvelles à ma sœur, et lui dire que je ne lui réponds pas, parce qu'il faut que je me rende près d'un ami souffrant à quelques milles de Londres.

Je vous serre la main affectueusement.
Henri LIONNET.

Pour apprécier l'importance des passages soulignés et montrer sans y insister — la question n'est pas là — la mauvaise foi de M. Henri Lionnet, il faut connaître la lettre précédemment écrite par ce monsieur à sa sœur. — J'en extrais le passage suivant (24 janvier 1864) :

« Quant à ce que tu me dis à propos des sept ou huit mille piastres, je me demande « SUR QUOI *tu fondes les espérances; serait-ce sur la succession?* Tu te trompes fortement si tu « crois pouvoir même avoir HUIT MILLE sous. Il faut avoir vu les choses DE PRÈS comme moi « pour savoir qu'il n'y a rien à attendre de ce côté. »

La duperie est ici évidente.

D'une part, on indique comme représentant le capital à échoir une rente de douze cents frans par an, et il se trouve que dans une lettre antérieure, M. Henri Lionnet estime que *huit mille sous* ne pourront pas être attribués à sa sœur pour sa part de la succession.

Mais, ne nous arrêtons pas là; d'autres surprises, d'un caractère plus grave, nous sont réservées.

Je note en passant une lettre en date du 14 décembre, dans laquelle M. Henri Lionnet parle à sa sœur de son projet de venir à Bordeaux, projet qu'il n'a pas mis à exécution.

Passons à l'année 1865. — Mon mariage célébré et mon entrée en ménage faite, la situation change, sans que je puisse m'en rendre compte. La pension de 100 francs qui devait être servie à ma femme aux termes de nos engagements, lui fait défaut dès le début; monsieur Lionnet cherche à peine à s'excuser de ce manque de mémoire — ou d'honnêteté : Il objecte, dans ses lettres du 26 janvier et 1er février, qu'il est lui-même dans un état précaire; que les créanciers le poursuivent, et qu'en somme, tout compte fait, il n'a pas trop pour lui de l'argent qu'il reçoit de Maurice. Il pousse même le sans-gêne — ou plutôt la mauvaise foi — jusqu'à faire à sa sœur un crime de lui réclamer la somme mensuelle qu'il s'est engagé à lui faire tenir.

En réponse à une lettre qu'il m'écrivait le 18 février, je crois devoir lui marquer la satisfaction que j'éprouvais de le voir disposé à nous faire visite à Bordeaux.

La santé d'Élisa, lui disais-je, est toujours chancelante, et je suis sans espoir de la voir s'améliorer d'ici à quelque temps, vu l'état intéressant où elle se trouve. En conséquence, si vous pouviez venir nous voir vers la fin de septembre prochain, nous aurions une double joie, car nous vous proposerions d'être le parrain de notre premier enfant.

A cette lettre dictée par l'affection, M. Lionnet répond par le silence.

Pourtant il continue à correspondre avec sa sœur. Profitant de son état de maladie, il lui reproche de ne songer qu'à lui réclamer son dû et s'étonne d'une telle obstination.

A ses yeux, en effet, c'est là chose anormale.

C'est alors que, déçu dans mes espérances et froissé du dédain que semblait me témoigner mon nouveau beau-frère, je lui écrivis pour le rappeler aux règles de la convenance en même temps qu'à ses engagements.

Par ma lettre du 23 février dernier, je vous ai fait part de l'état intéressant d'Elisa ; aujourd'hui, je viens vous annoncer qu'elle s'est blessée dans les premiers jours de mars dernier. Une frayeur occasionnée, en montant en voiture, par l'emportement des chevaux, en a été cause. J'ai dû la garder un mois entier au lit, et lorsqu'elle a commencé à se rétablir un peu, j'ai eu la maladresse de tomber malade à mon tour ; je n'ai commencé à reprendre mes occupations que lundi 1er courant. Comme vous le voyez, cher Henri, les débuts de mon mariage sont peu attrayants et ne sont pas sans me donner de graves et sérieuses inquiétudes. Je regrette, cher Henri, de venir vous entretenir de plaintes et de lamentations : le sujet n'est pas gai pour vous, mais il l'est moins encore pour moi, car mon faible n'est pas de me plaindre sans raison ; mon esprit de franchise et de loyauté s'y oppose formellement.

J'aborde mon sujet. Auriez-vous donc oublié la promesse écrite que vous m'avez donnée avant mon mariage avec votre sœur, de me faire 1,200 francs par an jusqu'au terme de la liquidation ? Non, n'est-ce pas. — Je vous crois trop convenable pour vous supposer capable d'un tel oubli.

Excusez-moi donc pour cette fois, cher beau-frère, de vous poser une telle question. Vous m'en excuserez d'autant mieux, quand je vous aurai dit catégoriquement ma position actuelle.

En me mariant avec votre sœur, j'avais 10,000 francs espèces, fruit de mes économies. Il nous a fallu nous installer : 3,240 francs y ont passé, sans y comprendre les cadeaux de noce de rigueur que j'ai fait à Elisa. Un loyer de 700 francs ; une bonne pour le ménage, Elisa n'y entend rien, soit 16 fr. 65 c. par mois, plus la nourriture, etc., etc.

Vous annonciez à votre sœur, par votre lettre du 22 mars dernier, l'envoi de 200 francs pour la pension de février et mars : cet argent est encore à venir. — De même, vous lui parlez de 200 francs promis avant notre mariage, plus de 600 francs dus à Mme Gardette ; c'est à n'y rien comprendre. Enfin, je me fâche pour tout de bon, et cela m'amène à savoir — ce qui m'avait été soigneusement caché — que votre sœur doit à Mme Gardette 628 francs, plus ses souliers de noce, un chapeau de satin blanc à sa modiste, etc., etc., en un mot près de 1,000 francs, dettes existant au moment du mariage.

Dans cette même lettre du 22 mars dernier, vous dites que vous n'êtes pas « une vache à lait. » Hélas ! ni moi non plus, et, je l'avoue, ma position n'est pas digne d'envie, d'autant plus que j'ai en perspective d'avoir pour compagne une femme constamment malade. Que vais-je devenir, je vous le demande, si vous ne venez en toute hâte remplir vos obligations.

J'espère recevoir de vos nouvelles jeudi prochain, et, dans cette attente, je vous serre affectueusement la main.

Bordeaux, le 4 mai 1865.　　　　　　　　　　　　　　　　　P.-Emile ANTOINE.

M. Henri Lionnet ne croit point devoir donner signe de vie. — Que lui importait que je fusse dans l'embarras.

J'écrivis de nouveau, désireux au dernier point d'être édifié sur les sentiments de mon beau-frère.

Bordeaux, le 12 mai 1865.

Mon cher Monsieur Henri,

Je vous confirme ma lettre du 4 courant. Votre silence inconcevable et obstiné m'effraie et me fait faire de nombreuses et parfois si pénibles réflexions, que je n'ose m'y arrêter, car avant tout je vous crois brave et honnête.

Cependant, cher Henri, ne serais-je pas un peu en droit de qualifier de mépris un silence aussi absolu ? Oh ! non, il ne peut en être ainsi, et j'ai lieu de croire que le retour du courrier me prouvera le contraire, car, enfin, je crois être digne d'une réponse.

Dans cette attente, je vous serre affectueusement la main.

Votre beau-frère et ami tout dévoué,

P. Emile ANTOINE.

Ici nous entrons en plein dans le vif du débat. Un changement à vue s'opère. La pension qui devait m'être servie mensuellement n'existe plus qu'à l'état hypothétique. M. Lionnet s'aperçoit qu'il a des créanciers; ces créanciers le poursuivent, dit-il, impitoyablement. Le paiement de mon dû est renvoyé très-cavalièrement par mon beauf-rère aux calendes grecques.

En présence de faits semblables, je n'hésite pas à accentuer ma situation et à reprocher comme il convient à mon beau-frère, le sans-gêne inouï de sa conduite envers moi.

Bordeaux, le 17 mai 1865.

Mon cher Henri,

Je ne comprends vraiment pas bien votre langage ni votre conduite à mon égard, car vous n'êtes — permettez-moi de vous le dire en passant — ni conséquent, ni moins encore logique avec vous-même. Ou la dette dont vous me parlez est antérieure à mon mariage avec votre sœur, et alors vous saviez dès longtemps que vous n'étiez pas à même de tenir vos engagements vis-à-vis de moi, ou elle a été contractée depuis, et alors vous l'avez fait en pleine connaissance de cause et sachant que vous me lésiez dans mes intérêts.

Je remarque avec un bien vif regret que vous faussez la vérité; or, comme je n'entends être ni la dupe, ni le jouet de personne, je vous prie de prendre note que si je n'ai pas par le retour du courrier, l'arriéré de la pension d'Élisa jusqu'à ce jour, ainsi que les 200 francs que vous vous êtes engagé à lui envoyer avant son mariage, j'écrirai à Maurice par la malle du 25 courant, à M. Noble, votre protecteur, ainsi qualifié par Madame Desenne, dans sa dernière lettre; j'écrirai aussi à votre tante Desenne de même qu'à Madame veuve Aristide Lionnet, car enfin, je ne vous demande pas l'aumône, mais simplement ce qui m'est dû par vous. Est-ce que par hasard vous me prendriez pour un petit garçon, et vous aurait-il plû de rire de moi?

Oh! non, n'est-ce pas; je suis avant tout un honnête homme qui a du cœur, croyez-le bien. N'en serait-il pas de même de vous? J'en trouverais la preuve dans votre peu de souci de tenir vos engagements librement pris; car lorsqu'on oublie sa parole, on cesse d'être un homme probe, et je crois que c'est là votre fait.

Dans l'attente de votre réponse par retour du courrier, je vous serre la main,

Votre beau-frère
P. Émile-ANTOINE.

La réponse ne se fit pas attendre.

Londres, le 18 mai 1865.

Mon cher beau-frère,

Après une lettre aussi peu courtoise et les épithètes que vous m'adressez, je me vois forcé de ne pas rentrer plus avant dans des explications.

J'ai l'honneur de vous saluer
Henri LIONNET.

Comme appendice à cette lettre, il est bon de citer celle que M. Lionnet écrivait à sa sœur.

Londres, le 19 mai 1865.

Ma chère Élisa,

Ce que je n'ai jamais permis à un homme de me dire et encore moins de m'écrire, — je le passe à ma sœur; aussi je te réponds.

Ta lettre m'a fait de la peine. J'y vois un langage que je ne veux peser. Cependant il te serait peut-être consolant que je m'y arrête un instant. Sais-tu bien que tu me parles comme un enfant de 10 ans à qui l'on dit : si tu ne fais pas telle chose, je vais porter plainte......... Tu sembles vouloir m'effrayer; tu n'as pas réfléchi avant de prendre la plume.

Tu me parles ensuite de notre père, et tu me dis : qu'il connaissait ses devoirs, ses engagements et n'y a jamais manqué, puisqu'une heure avant sa mort il signait ma dernière traite. Telles sont tes paroles. Mais cela l'a-t-il empêché de recevoir à son dernier moment la lettre la plus fulminante que tu aies jamais adressée. J'étais venu en Europe pour faire mon droit en Écosse, mais mon père m'écrivant qu'il ne pouvait me faire parvenir la somme nécessaire, je n'ai pu commencer mon droit anglais. Ai-je voulu pour cela ignorer sa position et ne pas admettre ce qu'il me disait de sa gêne?

Causons maintenant des affaires de Maurice. Voici les dernières nouvelles que j'ai reçues. — Tu me dis que « tu ne crois pas à ce que ta tante t'écrit que Ripailles était vendu depuis l'année passée. — »Il nous revenait 10,000 francs en 1865, pas avant; nous y sommes, je crois. » Oui, Ripailles a été vendu à M. Langlois, qui, lui, a vendu la propriété à M. Paillote; ce dernier voyant qu'il ne pouvait se procurer d'argent pour faire marcher la propriété et qu'il ne pouvait faire face à ses engagements, est parti par dessus bord à la fin de février. M. Langlois est donc rentré dans sa propriété pour faire une cession de biens et se mettre sous la protection. — La garantie de 100,000 francs qu'il avait faite à M. Théophile Lionnet et qui devait être partagée en trois tiers : un tiers à M. Théophile Lionnet, un autre à M. F. Lionnet, et le troisième tiers entre les enfants de M. Aristide Lionnet dont quatre légitimes et trois naturels. Ce dernier tiers qui représentait le chiffre de 33,000 francs devait être divisé ainsi : 22,000 francs aux enfants légitimes et 11,000 francs aux enfants naturels. Ayant renoncé à la succession, cette somme devait être partagée entre Gustave et toi. Il a même été question de le décider à te faire abandon de sa part. Monsieur Langlois faisant son *cessio bonorum*, sa garantie, dis-je est devenue lettre morte. Les associés de Ripailles, les MM. Lionnet, se sont trouvés en possession de leur bien — mais les créanciers en avaient assez de cet état de choses, il leur fallait leur argent, et comme les associés et les héritiers d'Aristide Lionnet n'étaient pas en état de payer les dettes de ladite propriété, elle a été divisée par lots et vendue à la barre et devant le Master en mars dernier. — Il en est résulté qu'au lieu de sortir de cette affaire avec une garantie de 20,000 francs, on en est sorti devant encore à des créanciers chirographaires, le prix de la vente n'ayant pas couvert le chiffre de la dette. — Tu me parles ensuite de mes lettres, elle ne contiennent que des appréciations personnelles. Je te parlais des affaires d'après ce que l'on m'écrivait. Je n'ai jamais été au courant exact de ce qui se passait pour la raison qu'ayant renoncé à la succession je n'avais nullement lieu d'être représenté. — Arrivons maintenant à Fond-du-Sac. M. Pillot a acheté dans le temps la moitié de cette propriété sur le pied de 450,000 francs. Fond-du-Sac à cette époque devait sa valeur. Le prix de la moitié vendue à Pilot représentant le chiffre de 225,000 francs, a été versé aux créanciers ; restait l'autre moitié des Lionnet devant 225,000 francs par l'acte d'association terminé aujourd'hui. Les revenus de la propriété devaient servir à liquider la propriété, c'est ce qui a eu lieu; mais cette liquidation a été faible, à peine de 25,000 francs. — Aussi M. Pilot ne veut conserver, en présence des affaires des Lionnet, des associés qui n'ont rien aujourd'hui pour répondre de leur dette. — Il s'expose à ce que les créanciers de MM. Lionnet ne viennent lui réclamer les 225,000 francs sans qu'il soit propriétaire du tout. — Aussi Pilot demande-t-il une licitation, et il a raison. M. Pilot ne licitant pas la propriété arrivant à sa liquidation, vous vous seriez trouvés avec une portion qui vous aurait rapporté 10 à 12 0/0 comme tous les intérêts dans les sucreries. Quant à Mon-Plaisir, tu as dû toucher ce qui te revenait. — Cette propriété de plaisance a été vendue et achetée par Mademoiselle E. Laborde sur le pied de 80,000 francs ; il y avait douze associés tous les Laborde et les héritiers d'Aristide Lionnet, dont une veuve, quatre enfants légitimes et deux naturels, puisque je me suis retiré en faveur de tous les enfants d'Aristide Lionnet : aussi n'as-tu touché qu'une somme très-faible.

Arrivons maintenant à Mon-Désir qui est louée à Pilot pour la somme de 40,000 francs par an. Cette somme sert à payer la dette qui s'élève au chiffre de 300,000 francs ; au bout de huit ans, il y aura 320,000 francs de payés, c'est-à-dire les intérêts à 9 0/0 des 300,000 francs, plus une partie du capital. Telles sont les nouvelles que j'ai reçues de Maurice.

Quant à ce que tu me dis qu'on ait tranché et coupé depuis ton mariage sans que ton mari ait reçu une feuille de papier timbré, c'est une illégalité qui annule tout ce qui a été fait.

Passons maintenant au sujet de ta pension. — Je sais, aussi bien que n'importe qui, que je suis en retard, — mais si je ne t'envoie ton argent, c'est que je ne le puis pas. — Tu dois, à l'heure qu'il est, connaître mes raisons. — Si j'ai demandé jusqu'en février de l'année prochaine pour te verser la somme en bloc, c'est que j'ai des motifs sérieux pour cela, c'est que ma demande a sa raison d'être ; vous ne voulez penser qu'à vous après tous les sacrifices que j'ai faits, c'est bien. — Songe que depuis octobre 1862 je t'ai versé la somme mensuelle de 100 francs dont j'ai les reçus de ta main ; que cette somme s'élève à 2,800 francs, sans compter *les extra* qui la font dépasser 3,000 francs ; — que je puis à mon tour faire valoir ces titres, — sauf plus tard à te restituer cette somme dans le cas où ta part de la succession ne te donnerait pas un intérêt de 1,200 francs par an, c'est-à-dire un capital de 10 à 12,000 francs placé à Maurice.

Quant à ce que tu me dis au sujet de mon adresse, que tu ne crois pas que j'aie changé de logement, — fais-moi le plaisir de ne plus mettre en doute ce que je dis, tu m'obligeras.

Adieu, je te serre la main affectueusement.

Ton frère et ami,
HENRI LIONNET.

Avant de fermer ma lettre, je tiens à te dire que je ne manque nullement aux engagements que j'ai pris ; je me suis engagé à te faire une rente *annuelle* de 1,200 francs, que cet engagement n'est nullement un prêt, mais un don. Dans ma première lettre, je dis : « Je m'engage à te faire une rente ANNUELLE de 1,200 francs. » Dans la seconde, en réponse à celle que ton mari m'a écrit pour avoir de plus amples renseignements, je lui dis que ce n'est pas un prêt, que c'est un *don*.

Je ne manque pas à mes engagements ; lorsque l'année sera écoulée, si je ne vous envoie pas la somme, alors vous serez en droit de dire ce que vous voudrez, c'est-à-dire en février. — Mais, jusque-là, dans votre intérêt même, évitez d'aliéner chez moi tout sentiment d'affection à votre égard.

Adieu, ton frère et ami,
HENRI.

Toutes les espérances s'évanouissent, après la lecture de cette lettre, comme de vains fantômes.

M. Lionnet, qui avait vu de si près et *personnellement* les affaires de la succession, maintenant qu'il s'agit de s'exécuter, doute de tout et se débarrasse de tout.

Il va plus loin ; dans sa lettre du 25 mai 1865, il écrit :

Londres, 25 mai 1865.

Ma chère Elisa,

Je suis loin de t'approuver de n'avoir pas remis ma lettre à ton mari. Je suis bien décidé à ne plus lui écrire après les grossièretés qu'il m'a adressées. L'on ne traite pas un homme de menteur impunément. Si j'avais reçu une telle lettre d'un autre que de ton mari, je ne m'en serais pas tenu aux quelques mots que je lui ai écrits.

Quant à ce que tu me dis de son projet de venir en Angleterre, je t'engage à l'en détourner ; il en sera pour ses frais, et s'il peut dépenser 400 à 500 francs pour venir faire ma connaissance, comme tu me le dis, il ferait bien mieux de les mettre à ta disposition pour faire aller sa maison. En venant ici, ce serait une dépense inutile ; je te le répète.

Tu me dis aussi que ton mari ne veut plus écrire à Maurice. — Qu'est-ce que cela peut me faire ? Qu'il écrive à Pierre, Paul, Jacques ou Garguille. — Est-ce que tu crois pour cela que les personnes de Maurice mettront le nez dans mes affaires privées. — Manquerait plus que cela.

Tu continues ta lettre sur ce ton toujours fort déplaisant : Que j'ai induit ton mari en erreur, que je lui manque de parole, et que ma conduite laisse beaucoup à désirer. — Qu'est-ce que tu veux dire par là ? Comment l'ai-je induit en erreur ? Est-ce en lui répondant que je ne pouvais lui donner un aperçu de la situation des affaires à Maurice et en m'engageant au règlement des affaires de la succession à te faire abandon des 2,500 à 3,000 francs que je t'ai versés depuis la mort de mon père, ou à te les restituer dans le cas où je les aurais touchés avant ledit règlement, si la part de ta succession ne te rapportait pas un intérêt de (1,200 francs) douze cents francs par an. — Je trouve qu'aujourd'hui c'est moi qui suis le dindon de la farce, car si j'avais pu me douter que la succession n'allait laisser que des dettes, je ne me serais pas engagé pour la somme que tu me dois et que j'aurai à rembourser à M. Noble, à mon arrivée à Maurice.

Prenons maintenant ta phrase : « Je lui manque de parole, ma conduite laisse beaucoup à désirer. » En quoi ? — Je me suis engagé à verser la somme de 1,200 francs annuellement et non mensuellement.

Si j'ai fait parvenir 100 francs pendant quelques mois, c'était pour avoir moins à payer vers février prochain. — Mais aujourd'hui, ma position ne me permet pas de me liquider mensuellement. — Je m'en tiens aux engagements. — Quoi de plus juste. Mais non, le fin mot de la chose, pourquoi ne pas l'avouer, c'est que vous ne voulez penser qu'à vous; que ne plus recevoir la somme de 100 francs va vous contrarier dans vos projets; vous avez sans doute l'idée d'aller aux Salinières; mais moi aussi j'ai besoin d'aller à Bagnères-de-Bigorre pour ma vessie, cependant je m'en passe.

C'est à tort que je te dis dans ma dernière que j'ai fait abandon de ma part aux enfants de mon père. Si j'ai renoncé à la succession purement, simplement de fait, c'est en faveur des héritiers Lionnet, c'est-à-dire de la veuve et ses enfants. — Mais cela ne veut rien dire, car des créanciers pourraient recueillir ma part de succession, ayant des créances sur ladite succession. — Il faudrait entrer dans les successions pour t'expliquer cela, et ma foi, c'est trop long.

Adieu, je te serre la main affectueusement.

Ton frère et ami,
Henri LIONNET.

Dans la réponse qu'Elisa Lionnet fait à son frère, à la date du 30 mai, elle se plaint de moi — naturellement — car je venais de découvrir par une circonstance fortuite, que j'avais été indignement trompé, aussi bien par ma femme que par son infâme frère. — L'épithète n'est pas ici de trop. Qu'on en juge par ce qui va suivre :

Mais ce n'est pas tout, dit Elisa Lionnet, il a découvert que j'ai été mère. (On me prendra, sans doute, pour un homme bien naïf; j'avoue que, jusqu'au fatal accident qui m'a révélé la situation que le sort m'avait faite, j'ai ignoré les choses qu'Elisa Lionnet raconte à son frère : Mademoiselle Lionnet jouait si bien l'innocente!) Il est alors devenu plus furieux, ce qui fait que je n'ose plus le détourner d'aller à Londres, car il me brusque, disant que je suis pour toi un défenseur trop chaleureux pour qu'il n'y ait pas entre nous autre chose de commun que le titre de frère et sœur, etc., etc.

Autre chose que frère et sœur, voilà qui est grave? Que répond à cela M. Lionnet.

Londres, 2 juin 1865.

Ma chère Elisa,

J'ai reçu ta lettre, et je lis avec peine ce que tu me dis de la conduite de ton mari à ton égard. Et lorsqu'il disait dans ses lettres que je ne devais pas voir dans ses démarches un but de lucre ni de marchandage, il ne disait pas ce qu'il pensait, puisque aujourd'hui, parce que je suis forcé de ne te faire parvenir ton argent que vers la fin de l'année, il se croit volé et pour cela te fait endurer la misère.

Ma chère Elisa, supporte cette position encore quelque temps; à mon retour à Maurice les ressources me permettront de te venir en aide, peut-être d'une manière plus large; je saurai aussi, d'une manière ou d'une autre, te faire recouvrer ton indépendance. — Sois prudente, ne te mets pas dans le tort vis-à-vis de lui, pour qu'au moins, lorsque je serai à même de frapper le grand coup, il n'y ait rien qui nous empêche de réussir. — Tiens compte, jour par jour, de sa conduite vis-à-vis de toi, avec la date en tête de la page. Si j'avais de l'argent à ma disposition, je n'hésiterais pas à me mettre en chemin de fer pour te venger. — Il n'est pas dit tout de même que nous ne nous rencontrerons pas.

Adieu, ton frère et ami.
Henri LIONNET.

M. Lionnet ne cherche pas à se défendre. Aussi bien c'eût été peine inutile, car j'avais touché juste sans trop m'en douter.

Dans sa lettre du 5 juin 1863, adressée à sa sœur, ne disait-il pas :

Tu as écrit à Polymnie sans penser que l'on avait pu *tout savoir* à Maurice, et j'en ai bien eu une idée pendant que j'y étais, par toutes les questions qu'on me posait. C'est, je crois, Charles Poupinel qui a écrit dans le temps à Maurice lorsqu'il est venu chez Madame Lagrange. (Madame Lagrange était l'accoucheuse de sa sœur.) Du reste, tu dois savoir que quelque temps après son départ de Paris pour

Bordeaux, Charles ayant jasé, je lui appliquai *une paire de soufflets*, qu'il a cru devoir mettre dans sa poche, et rien ne m'étonnerait que ce soit lui qui ait écrit à Maurice. Et puis, ce qui à surtout fait faire des commentaires, c'est ta sortie de chez Madame Bollon, qui a dû écrire pourquoi elle ne continuait pas à te garder avec elle; cette lettre a dû être lue par Polymnie. — Je t'engage donc à ne pas écrire de manière à t'attirer des choses désagréables; j'ai eu beau faire pour détourner tout le monde de cette idée, je crois qu'on a une opinion bien arrêtée là-dessus. (En vérité, on l'aurait eue à moins.) Tandis que si tu écris toujours des lettres comme tu as le talent d'en écrire lorsque tu es vexée, tu t'aliéneras tout le monde, et ceux même qui voudront t'aider te tourneront le dos et ne s'occuperont plus de toi. Réfléchis à cela sérieusement, et tu verras comme moi qu'il ne faut pas répondre à tout ce que l'on t'écrira à ce sujet, que c'est le seul moyen de tout détourner, etc., etc.

Adieu, ma chère Elisa.

Ton frère et ami,

Henri LIONNET.

Je me rends à Londres, sans aucune pensée hostile. Je ne connaissais rien positivement des faits qui précèdent, je n'en avais que de vagues soupçons; j'étais désireux seulement de voir mon beau-frère et de l'entretenir de faits surabondamment connus de lui et sur lesquels il me fallait être éclairé : Je trouve close le porte de M. Lionnet; je ne me tiens pas pour battu et lui écris la lettre suivante :

Londres, le 6 juin 1865.

Mon cher ami et cher beau-frère,

Je vous serais infiniment obligé de passer à mon hôtel, — 53, Guilford Street Russell Square, — pour me faire l'honneur d'entrer en connaissance avec vous, n'ayant pas eu le plaisir de vous rencontrer chez vous.

Agréez, cher beau-frère, mes sincères salutations.

P. Émile ANTOINE.

M. Lionnet, qui n'a pas cru devoir me recevoir chez lui, ne se rend pas davantage à mon invitation. Je quitte Londres sans l'avoir vu. Cela ne l'empêche point de correspondre comme devant avec sa sœur, et chose singulière, après lui avoir dit précédemment qu'il saisirait la première occasion qui se présenterait de la venger — sans doute en me provoquant — il lui dit très-sérieusement qu'il n'a pas voulu entrer en relation directe avec moi. C'était cependant le seul moyen de s'entendre — ou d'en finir.

A mon retour à Bordeaux, la sœur de Lionnet n'a rien de plus pressé que d'écrire à son frère. — Elle lui rend compte de ce qui s'est passé entre-nous à mon arrivée et raconte l'altercation que nous avons eue ensemble à son sujet. Un passage de sa lettre mérite d'être relevé. Lettre du 14 juin 1865.

...J'ai voulu le calmer, dit-elle, prendre fait et cause pour toi. Hélas! qu'ai-je fait? Il m'a dit : Vous aussi, Madame, vous êtes une infâme ; vous soutenez votre ignoble frère, parce que vous lui ressemblez et que vous ne valez pas plus que lui.

...Oui, vous vous êtes entendus pour m'induire en erreur. — Vous ne voulez pas me dire quel est le père de votre enfant. — Votre frère aussi savait que vous étiez mère en vous mariant, et vous ne me l'avez dit ni l'un ni d'autre. Voilà le crime que je vous impute.

Tu penses bien que je ne lui ai pas dit que *c'est toi qui en es le père*. C'est donc par rapport à toi que je souffre et que je suis si malheureuse. Oh! je t'en conjure, un moyen pour adoucir mes chagrins, etc., etc.

Cette correspondance, je dois le noter de nouveau, s'échangeait à mon insu. Les révélations terribles qu'elle contient étaient donc pour moi un mystère.

Dans sa réponse, en date du 15 juin 1865. M. Lionnet fait espérer à sa sœur l'envoi d'un billet de cent francs: Ah! le bon billet qu'a La Châtre !

— 12 —

Nouvelle lettre d'Élisa Lionnet, portant la date de Bordeaux, le 26 juin 1865.

Mon cher Henri;

Je ne te comprends plus et m'explique encore moins ta conduite.

Je te dis combien je suis malheureuse, combien je souffre, et tu ne t'émeus pas.

Tu me fais espérer 100 francs par ta dernière, en me disant de ne pas vendre la peau de l'ours avant de l'avoir tué; tu avais tes raisons pour me le dire, car il est probable que tu n'avais pas l'ombre de l'idée de le faire. Heureusement qu'Emile n'a pas vu cette lettre.

Je te supplie d'écrire à Émile une lettre sympathique, douce et aimable, afin de le calmer et de le rendre meilleur pour ta pauvre sœur, tu n'en fais rien.

Figures toi être dans ma position, et dis-moi ce que tu penserais de moi si j'étais dans la tienne.

Je ne te qualifie pas, attendu que je te laisse juge de te qualifier toi-même. Les souffrances que j'endure portent généralement sur un point qui est celui de savoir quel est le nom de l'amant qui m'a fait un enfant. J'ai beau dire que c'est un créole de Maurice, il s'obstine à savoir son nom: Ce de quoi je me suis abstenue, attendu que je lui ai toujours dit que je ne lui dirais jamais; et tu comprends pourquoi. (Quoiqu'il m'ait cependant dit qu'il me pardonnerait si je le lui disais, dois-je le croire?)

Or, si je lui dis que c'est toi, qu'adviendra-t-il et pour toi et pour moi.

Je dois lui dire la vérité, ou m'abstenir comme je l'ai fait, attendu qu'il le veut sous la foi du serment.

Tu vois donc que c'est pour toi que je souffre.

J'attends une réponse par le retour du courrier.

Ta sœur qui t'embrasse,
Elisa LIONNET.

En homme habile, M. Lionnet élude la question si nettement posée par sa sœur. Bien entendu; il ne nie pas les faits honteux que son manque de parole force sa sœur à lui rappeler; simplement il répond :

Londres, le 29 juin 1865.

Ma chère Elisa,

J'ai beau t'écrire d'être un peu plus suspecte dans tes lettres, et c'est malheureusement toujours le même style. — Tu ne penses pas un seul instant que tes lettres peuvent s'égarer, et en ne les affranchissant pas, tu cours aussi la chance qu'elles te soient retournées.

Tu me dis d'écrire à ton mari, qu'il reviendra à de meilleurs sentiments vis-à-vis de toi. — Tu oublies la correspondance que je lui ai adressée et que malheureusement tu ne lui as pas remise; songe donc que j'ai été insulté par lui, et qu'il n'a pas cru devoir s'excuser. J'admets qu'il ait pris la plume dans un moment de colère, et quoique l'on ne pardonne à personne de vous insulter, s'il m'avait écrit le lendemain une lettre s'excusant de son langage, — j'aurais repris ma correspondance avec lui. — Il ne s'est pas excusé. Ce n'est pas à moi, tu en conviendras, à lui écrire.

J'ai entretenu l'espoir de te faire parvenir un peu d'argent, mais hier j'ai obtenu la réponse d'un de mes amis de Paris qui est ici en ce moment, et il ne peut m'être agréable. — J'avais à cœur de t'envoyer une petite somme pour te prouver que je ne demande qu'à t'aider, aussi je regrette fortement la réponse que j'ai reçue. L'année prochaine (tu me diras que c'est bien long, mais que veux-tu), l'année prochaine, dis-je, tu seras plus satisfaite; je serai à Maurice, et il n'y a pas de raison pour que je ne réussisse pas, puisque tous les jeunes avocats qui sont partis et qui ne sont pas dans les mêmes conditions gagnent de l'argent; mais, je t'en prie, épargne-moi tes lettres exaltées. — J'ai le caractère tellement aigri par tous mes ennuis, que je n'ai, tu le comprendras, pas besoin d'être tracassé. — Je suis ici entouré de créanciers qui m'assomment du matin au soir lorsqu'ils peuvent me dénicher. C'est une vie de galère. — Enfin, il y a trois jours, il m'a fallu prendre deux pantalons et courir au Mont-de-Piété, pour pouvoir vivre. Voilà ma position. Si tu manques de ce qu'il te faut, songes que je n'attache pas mes chiens avec des saucisses.

Lorsque tu m'écriras, affranchis ta lettre si tu le peux, ta dernière m'a coûté 16 sous, et si la propriétaire n'avait payé le facteur, ou si elle avait été absente, la lettre t'aurait été retournée. Lorsque je suis passé ce matin chez elle, elle m'a réclamé la somme en me remettent la lettre, chose qu'elle ne faisait jamais anciennement; heureusement que j'avais deux shellings dans ma poche.

Adieu, ma chère Elisa.

Ton frère et ami,

Henri LIONNET.

Écris-moi toujours à la même adresse.

N'est-ce pas assez en dire? « Tu ne pense pas que les lettres peuvent s'égarer, et en ne les affranchissant pas tu, cours aussi la chance qu'elles te soient retournées. » On voit clairement que M. Lionnet a grand intérêt à ce que ces lettres si odieusement compromettantes ne s'égarent pas en route. Il sent tout le poids de son ignominie et cherche à ramener sa sœur aux sentiments de cette prudence pusillanime qu'il pratique si bien. — Quant à la question d'argent, il continue à la traiter par-dessous jambe. Que sa sœur, ou plutôt que sa maîtresse vive ou meure, peu lui importe. « Songe, dit-il, que je n'attache pas mes chiens avec des saucisses. » Voilà son argument. On n'est pas plus cyniquement badin.

Mlle Elisa Lionnet ne peut pas se payer de cette monnaie. — Elle est lasse de prier et de supplier qui refuse de l'entendre; son cœur de femme se révolte à la pensée que celui qui l'a déshonorée, que ce frère dénaturé l'oublie et la délaisse. Elle lui écrit la lettre suivante :

Bordeaux, 4 juillet 1865.

Mon cher Henri,

Il paraît que ton cœur à mon endroit te fait défaut, car je te supplie et te conjure d'écrire une lettre aussi sympathique que possible à mon mari, vu la vie pénible qu'il me fait endurer, et tu t'obstines à ne pas vouloir, en disant : « Tu oublies la correspondance que je lui ai adressée et que, « malheureusement, tu ne lui as pas remise; songe donc que j'ai été insulté pas lui et qu'il n'a pas cru « devoir s'excuser. » Mais puisqu'il n'a pas vu cette correspondance que tu invoques, il l'ignore donc; c'est par conséquent, pour lui, comme si tu n'avais pas écrit.

Mais, est-ce que son voyage à Londres n'est pas une preuve de retour de sa part? Et je vais te le prouver :

Ayant été à Versailles voir notre mère, il lui fit part de son projet d'aller à Londres, afin de s'entendre amicalement avec toi. Vu le compte-rendu qu'il leur avait fait de l'état de sa position, à cet égard, maman lui dit qu'il faisait bien et qu'il allât te voir avec des sentiments des plus convenables. M. Brame lui tint le même langage; alors il leur promit, par la foi du serment, qu'il te verrait sans animosité, que sa visite serait toute sympathique. Et il a été à Londres dans de très-bonnes intentions, comme tu le vois, pour faire ta connaissance d'abord et pour causer affaires ensuite; et toi tu te caches pour ne pas le voir; il est vrai que tu ignorais ses intentions; mais aujourd'hui que je te les relate, il me semble que toi, qui n'est pas embarrassé, tu trouveras bien un moyen, politique c'est vrai, de lui écrire, en ayant l'air d'ignorer qu'il est allé à Londres, puisqu'on lui a dit que tu étais déménagé et qu'on ne connaissait pas ton adresse. — Ami, je te dirais que si mon fameux mari avait tenu essentiellement à te découvrir, il aurait tout fait pour arriver à son but, car c'est un homme à qui rien ne résiste; mais comme il avait donné sa parole d'honneur à maman et à M. Brame, il est revenu pour vite se délier de ce serment; car les gens de son espèce sont religieux pour leur serment; mais je crains qu'il retourne à Londres et, par conséquent, je ne sais ce qui se passera. Cette vie n'est plus tenable, je suis lasse d'être ainsi persécutée et malheureuse; tu ne veux pas te soumettre, tu veux être fier et orgueilleux vis-à-vis de cet homme.

Ah! tu ne veux pas revenir, ce n'est pas à toi, dis-tu? Hélas! mon Dieu, tu préfères que je souffre, n'est-ce pas; malgré tous mes conseils que je crois fort bons, tu n'en veux accepter aucun, et bien! il saura tout; si ta vie est une vraie galère, la mienne est horrible et un vrai martyre continuel. — Tu as sans doute oublié, lorsque j'étais à Paris, enceinte de toi, reléguée à un troisième étage : Tu me laissais souvent manquer de pain, malgré ta pension de 300 francs. Tu as encore oublié toutes les démarches qu'il m'a fallu faire pour placer notre enfant aux Enfants-Trouvés ; cruelle peine pour une mère...... Ah! Henri, ah! Henri......... tous ces souvenirs me déchirent le cœur. Aujourd'hui je te conjure, t'implore d'écrire une lettre, tu me refuses. Je te fais connaître ma misère, et tu n'as pas le cœur de m'envoyer 10 francs. Ah ! cruelle existence ; comment veux-tu que j'affranchisse tes lettres, avec quoi ?

Toujours des promesses de ton côté, mais rarement du positif. Madame Gardette ne te reconnais plus, et ta conduite est inexplicable à ses yeux. — Tu me dis d'espérer ; quand tu seras à Maurice, tu adouciras ma position ; mais, crois-tu que je puisse tenir longtemps à semblable existence. Hélas ! non ; je sens tous les jours mes forces m'abandonner, la peine me ronge le cœur et me consume peu à peu, je suis malade et n'ose le dire ; je suis toute tremblante devant mon mari, qui persiste toujours à savoir qui m'a rendu mère. J'attends une prompte réponse de toi par le plus prochain retour du courrier ; mes mesures sont toujours prises pour que tes lettres me soient remises en mains propres. J'espère, cher Henri, que tu te rendras à l'évidence, et que tu exauceras ma prière en écrivant une lettre à mon mari.

Dans cette attente,

Adieu, je t'embrasse, ta sœur,

Elisa LIONNET.

Qu'ajouter à une telle lettre ? Tout commentaire serait superflu... — Monsieur Lionnet garde le silence.

Le 18 juillet 1865, nouvelle lettre de sa sœur.

Citons-là encore :

Bordeaux, le 18 juillet 1865.

Mon cher Henri,

Pourquoi ce silence ? Est-ce que ma dernière lettre t'aurait causé un noir chagrin, en rouvrant à ton cœur, par le souvenir, une plaie que le temps n'effacera jamais ; mais Henri, tu es bon, et ce souvenir que te rappelle notre enfant doit certainement parler à ton excellent cœur ; mais ne te laisse-t-il pas, comme à moi, des regrets amers. Car nous avons été fort malheureux pendant un temps, nous avons payé cher notre faute dans le chemin de l'honneur ; seulement, toi, tu n'y penses peut-être plus aujourd'hui ; tandis que moi, je suis toujours tyrannisée pour tout avouer. Oh ! Henri, je t'en supplie, n'oublie donc jamais ta sœur ; que la pensée de notre enfant te fasse faire pour elle de grands sacrifices, et de mon côté, ce souvenir me rendra bonne épouse et bonne sœur.

Depuis déjà quelques jours je voulais t'écrire, mais la souffrance, me poursuivant toujours, a mis obstacle à mon désir ; je viens d'être alitée depuis mon dernier excès de travail. Émile alors ne prend plus ses repas à la maison, le soir, il venait me voir dans ma chambre, car nous faisons lit à part : Comment allez-vous madame ? Mieux, lui répondai-je. Bonne nuit, et il s'en allait. Il partait le matin vers 9 heures et ne rentrait que le soir pour se coucher. Cependant il faut tout avouer, il a eu la bonté d'aller chercher deux fois la potion ordonnée par le médecin. Tout cela me cause beaucoup de peine ; Ah ! Henri je ne suis pas heureuse ; quelle folie j'ai faite de me marier après la faute que nous avons faite ensemble ; aujourd'hui je reconnais toute la laideur de mon passé, et je me dis souvent : Avouons le nom du père de mon enfant à Émile, et il changera pour moi, j'en suis sûre ; il sera meilleur peut-être qu'alors je serai heureuse, car toi, Henri, tu m'oublies, n'est-ce pas, et tu ne veux rien faire pour adoucir ma triste position ? Une lettre, tu me la refuse ? Ah ! que je souffre.........

Je pourrais bien affranchir la lettre cette fois, car je me trouve riche de quatorze sous ; mais il ne m'en resterait plus que six et je pourrais en avoir besoin.

Je ne t'écris pas plus longuement, car je suis encore fort fatiguée ; mais j'espère que toi tu m'écriras par le plus prochain retour du courrier.

Dans l'attente de te lire, ta sœur qui t'embrasse,

Élisa LIONNET.

Réponse de M. Lionnet. Elle en dit long, en dépit des réticences calculées qu'on y découvre.

Londres, 24 juillet 1865.

Ma chère Élisa,

Tu dois réfléchir. — Crois-tu que tu me ferais plaisir en faisant ce que tu me dis dans ta dernière lettre — je t'ai dit plusieurs fois, qu'il te fallait conserver la seule affection qui te reste, et bien, crois-

— 15 —

moi — conserve-la et tu t'en trouveras bien dans la suite. — Je t'ai prié de ne pas m'écrire dans le style
de tes dernières lettres, qu'elles peuvent s'égarer ou qu'elles peuvent être interceptées — mais tu ne veux
m'écouter, et depuis que je t'ai prié de ne plus le faire, tu sembles vouloir plus persister. — Je ne t'ai
pas répondu la dernière fois à cause de cela, parceque ta lettre était comme la dernière qui m'est arrivée.
— J'en suis bien persuadé, après avoir été décachetée par qui — je n'en sais rien, le fait est que je suis
persuadé qu'elle a été ouverte ; ainsi donc change de style.

Adieu ton frère et ami,
HENRI LIONNET.

Lettre d'Elisa Lionnet.

Bordeaux, le 11 août 1865.

Cher Henri,

Je suis vraiment fort peinée de ton silence à mon endroit ; pourquoi ne pas me conseiller à l'égard
de notre enfant ? Que veux-tu que je dise ? Hélas ! il t'ennuie que je t'en parle toujours : mais si tu étais
à ma place tu verrais si tu pourrais passer sous silence une chose qui est cause du malheur de ma vie,
de ma peine et de mon ennui.

Nous sommes déménagés, peine nouvelle ; nous sommes dans un quartier perdu ; privée de sortir,
délaissée de toutes mes connaissances, Madame Gardette même cesse de venir me voir ; en un mot, ma
vie est une cruelle agonie, et je crois que ton cœur n'est plus sensible à ma peine ; tu ne veux donc pas
écrire à Émile ? Ah ! Henri, ton opiniâtreté m'écrase, tu ne veux rien m'envoyer, pas même une malheureuse pièce de vingt francs ; mais si je souffre, tu es bien la cause première de ma souffrance ; mais si
je manque de tout, hélas ! c'est toi par tes dettes, que j'éprouve ces privations.

En un mot, je suis malheureuse, et désire cent fois par jour que cette vie-là finisse ; aussi ta sœur
est bien maigre et bien jaune ; et le chagrin est peint sur son visage.

Toujours sans bonne, faisant tout mon ménage ; seule, abandonnée de tout le monde, malade de
peine et d'ennui.

Ah ! Henri, que ta conduite est vilaine à l'égard d'une sœur pour laquelle tu aurais dû tant faire, à
l'exemple d'un père qui l'aimait tant son Élisa : son souvenir ne te reproche-t-il pas quelquefois que tu
manques à ton devoir.

Ah ! non ; je ne puis attendre et supporter plus longtemps une semblable existence : Henry, c'est
trop souffrir, apporte, je t'en conjure, un peu de baume à ma souffrance, car je succombe sous le poids
horrible qui m'écrase ; mais, le passé ne parle-t-il pas à ton cœur, est-ce que tu as oublié nos rapports
d'autrefois. Ah ! Henri que tu es coupable.

Je suis toujours malade, tout me fait mal ; je suis fatiguée, Dieu le sait. — Voilà ta dernière année,
et je perds l'espoir de te voir avant ton départ pour Maurice ; mais non, tu n'auras pas le courage, n'est-
ce pas, de quitter la France sans venir voir, pour une dernière fois peut-être, ta sœur Elisa que tu aimais
autrefois, et qu'aujourd'hui tu oublies entièrement. Tu me peines, Henri, par ton silence à mon endroit
et à l'endroit d'Emile ; écris-lui, je t'en prie, il est bon et oubliera, j'en suis sûre, tout ce qui s'est passé
entre vous.

Adieu, cher Henri, ta sœur qui t'aime en attendant le plaisir de te lire par le plus prochain retour
du courrier ; envoie-moi quelques piastres, j'en ai besoin réellement.

ELISA LIONNET.

Mon adresse : Rue Saint-Claude, 97, à Bordeaux.

M. Lionnet continue à faire la sourde oreille. Ce qui le préoccupe beaucoup plus que
toute chose, ce sont..... les poursuites dont son tailleur le menace.

Londres, 15 août 1865.

Ma chère Elisa,

J'ai reçu ta dernière au milieu de tracasseries sans nombre. — Je t'ai dit dans le temps qu'il me
fallait payer mon tailleur, et que c'était la raison qui me forçait à ne pas t'envoyer ta pension avant la
fin de l'année. Aujourd'hui le syndic de la faillite de mon tailleur voulant toucher son argent au plus

vite, veut me poursuivre pour ce que je reste lui devoir; j'ai reçu lundi dernier une lettre de lui, qui est presque une sommation, et je vais sans doute avoir à démêler avec la justice. — Ce qui m'ennuie passablement. — Espérons cependant que j'obtiendrai le même mode de paiement que j'avais adopté vis-à-vis de lui, et que si le juge a à se prononcer, il m'accordera ce que je lui demande, de continuer ce que j'ai déjà fait. — Voici comment je m'étais entendu avec mon tailleur, à mon arrivée à Londres en 1863. Prévoyant que tu ne recevrais rien de Maurice, je fus voir mon tailleur pour lui demander crédit pendant trois ans, avant de te faire parvenir ta pension. — Il consentit verbalement, mais ne voulut signer aucun engagement écrit. — Pendant deux ans ses affaires allèrent bien, mais au commencement de l'année, ses clients ne faisant pas face à leurs engagements, il a été forcé de se mettre entre les mains de ses créanciers, qui aujourd'hui mettent l'épée dans les reins des créanciers du tailleur; et voilà comment je me trouve dans cette triste position. — Je me demande comment vais-je sortir de cette impasse. — Quelques amis que j'ai ne peuvent me venir en aide. — Ils ont tous besoin de leur argent pour voyager. — Ma position est d'autant plus dure qu'ils ne veulent même pas m'accorder un délai convenable pour que j'écrive à Maurice. — Il nous faut notre argent avant 15 jours. — Voilà leur réponse. — Je t'écrirai s'il y a du nouveau.

Quant à ce qui semble te préoccuper, j'y pense. Je m'en occuperai lorsque j'aurai de l'argent, mais avant cela je n'y puis rien. — Il faut que je puisse aller à Paris pour cela, mais les fonds me manquent.

Adieu ma chère Elisa.

Je te serre affectueusement la main.

Ton frère et ami,
Henri.

Le 8 septembre, nouvelle lettre de Elisa Lionnet, toujours conçue dans le même sens — le sens de la vérité.

Lettre d'Elisa Lionnet :

Bordeaux, le 8 septembre 1865.

Mon cher Henri,

Je viens causer avec toi quelques instants, afin de te faire savoir toute la peine que j'éprouve, et le noir chagrin dans lequel je suis plongée.

Depuis longtemps tu ne m'as écrit, et voir ton cœur ainsi se refroidir pour moi est une peine cruelle. Tu ne m'as rien envoyé, pas un sou, et je suis réduite à la misère. De plus, ma famille semble m'abandonner, car je n'ai rien reçu d'elle par cette malle, ce silence m'étonne, et pour tout compléter, mon mari est sans place depuis dix jours. Mais tout s'acharne donc après moi, le malheur est donc mon partage; mon Dieu que je souffre!

Ah! Henri, c'est trop de peine; mon mari est triste, aigri, brusque, en un mot inabordable : il se promène dans la chambre comme un homme qui médite quelque chose de mauvais, et je suis peut-être à la veille d'être délaissée par lui. Du reste, il me l'a dit souvent, et je tremble qu'il mette à exécution la promesse qu'il m'a faite si souvent : vendre ses meubles, partir et me laisser; hélas! j'en ai grand'peur, car il est déjà venu plusieurs personnes pour les voir. Grand Dieu! que vais-je devenir? Ah! que notre pauvre enfant me coûte de peines et de larmes; je persiste toujours dans mon non vouloir d'avouer la vérité, et lui persiste toujours à la connaître; et c'est là la cause principale de mon malheur.

Tu m'as fait espérer de m'en débarrasser, mais il faut attendre le temps favorable, as-tu dit, pour frapper le grand coup; mais jamais je n'aurai la force d'attendre ce temps-là, il est trop reculé. Comment faire pour sortir d'un pareil enfer, à qui m'adresser, ne connais-tu personne à Bordeaux qui pourrait faire quelque chose?

Ah! Henri, je suis accablée de souffrance, de peine et d'ennui; je meurs trop lentement, et je ne puis supporter plus longtemps une semblable existence; j'appelle la mort à chaque instant, et la mort est, comme toi, sourde à ma voix.

Je suis lasse de vivre d'une vie aussi horrible : Logée dans un quartier perdu, ne sortant jamais, ne voyant personne, toujours livrée à mes noires pensées, rudoyée et maltraitée par mon mari, ah! je l'avoue, je n'y tiens plus. Que de soupirs vers notre enfant! Henri, je t'en conjure, viens à mon secours, mon désespoir est affreux ; que ton cœur s'attendrisse au récit trop vrai de ma triste position, fais pour moi quelque chose, apporte un peu de baume à mes souffrances, et Dieu te bénira.

Dans cette attente, j'attends de toi, par le retour du courrier, une lettre consolante, car te lire, c'est là tout ce qui me reste de bonheur ici-bas.

Adieu, je t'embrasse de cœur, ta sœur,

Élisa LIONNET.

Rue Saint-Claude, 97, Bordeaux.

On voit, par la publication de cette lettre, dans laquelle Elisa Lionnet se plaint de ma brutalité envers elle et fait de moi, à son frère, un portrait si peu flatté, que je tiens, avant tout à ce que les personnes qui voudront bien lire ces pages, me connaissent à fond.

Je n'ai pas besoin d'ajouter que si j'ai pu, au prix d'horribles souffrances, en venir aux extrémités rapportées par Elisa Lionnet, c'est que j'avais à cœur de savoir ce qu'on persistait à me cacher : le nom du père de l'enfant, de cet enfant, dont j'ignore, même à l'heure présente, quel a été le sort ?

D'affreux pressentiments m'assaillent encore à toute heure.

Cette révélation qui allait bientôt, enfin m'être faite, j'eusse voulu par moment m'en épargner la torture..... mais il fallait boire le calice jusqu'à la lie. Mon devoir était là : je ne pouvais le déserter.

Lettre d'Henri Lionnet :

Londres, 13 septembre 1865.

Ma chère Élisa

J'ai reçu ta dernière et ce que tu me dis est bien triste. Je regrette de ne rien pouvoir faire pour toi en ce moment ; je suis toujours très-tracassé et Dieu sait si je surmonterai toutes les difficultés qui m'environnent. Enfin que la volonté de Dieu soit faite.

A ce qu'il paraît, ton mari a écrit à Maurice. — L'on me dit seulement qu'on a reçu une lettre de lui, sans m'en dire le contenu. — Je ne sais donc ce qu'il a pu dire ; dans tous les cas, il ne doit pas ignorer qu'on n'attrape pas les mouches avec du vinaigre. J'aurais bien aimé savoir le contenu de sa lettre, mais à Maurice on ne se permettra pas de me parler des affaires qui ne concernent que moi et dans lesquelles d'autres n'ont droit de mettre le nez, et comme l'on connaît mon caractère, l'on s'est abstenu de m'informer de ce qu'il a dit. ——————

J'espère toujours être reçu au commencement de l'année et mon séjour en Europe ne sera pas de longue durée. J'ai hâte de m'en retourner pour pouvoir te faire parvenir ce que je te dois et pour hâter les affaires de la succession.

Adieu, ma chère Élisa, j'ai l'estomac dans un bien triste état.

Je te serre la main affectueusement.

Ton frère et ami,

HENRI LIONNET.

Réponse d'Elisa Lionnet :

Bordeaux, le 18 septembre 1865.

Mon cher Henri

J'ai reçu ta lettre ce matin et m'empresse d'y répondre, car je suis surprise de l'étonnement que tu me marques relativement aux lettres qu'Émile a écrit à Maurice. Je te l'ai écrit, cher frère, relis ma correspondance et tu verras que je t'en donnai avis ; je ne pouvais te laisser ignorer cette particularité. Oui, cher ami, à son retour de Londres, il a écrit à Maurice par la malle de juin ; mais te dire ce qu'il a écrit est chose qui n'est pas en mon pouvoir ; car mon mari fait ce qu'il veut, coupe et tranche sans rien me dire, il est maître absolu ; seulement je sais qu'il a écrit à ma tante Desenne et à Polymnie, et il m'a forcé d'écrire sur le dos de la lettre, sans pour cela me permettre d'en prendre connaissance ; du reste il ne m'a pas quitté, il a voulu absolument que je dise à ma famille que j'étais heureuse avec lui, qu'il était bon et qu'il m'aimait. Du reste, c'est toujours ce même langage que j'ai tenu pour Maurice ; et comment aurais-je pu faire autrement, puisqu'il prenait mes lettres, les lisait et les mettait lui-même à la poste, et le plus souvent il était là lorsque j'écrivais.

3

Mais il ignore que je t'écris et que tu me réponds toujours courrier par courrier, car mes mesures sont prises pour qu'il ne doute et ne s'aperçoive de rien.

Il a écrit à Maurice, par la même malle, quatre ou cinq lettres, et figures-toi que toute ma correspondance de demoiselle, il l'a entre les mains, et je tremble qu'il trouve de tes lettres qui parlent de notre pauvre enfant. Ah! Henri, quel malheur, je serais perdue et toi aussi ; le courrou de cet homme serait horrible. Que Dieu prenne pitié de nous et de notre enfant, qu'il permette dans sa bonté que ce malheur ne nous arrive pas; car, que deviendrions-nous, hélas! Je ne sais.

Émile est toujours méchant pour moi, surtout depuis qu'il est sans place; il devient de plus en plus furieux, et j'ai appris d'une manière positive et officielle qu'il avait dit dans une maison qu'il voulait retourner à Londres...... et j'en ai grand peur, car parfois il parle seul et laisse échapper ces mots : Oui, j'y retournerai, je le verrai.

Ah! frère, que je suis malheureuse; tu ne me donne aucune réponse relativement au parti à prendre. S'il me quitte, que faire? Si je le quitte, où aller? Je suis fort malheureuse et sans ressources aucune. Mon mari est un homme dangereux qui ne transige jamais avec l'honneur ; et quand il a voué sa vendetta à quelqu'un : Ah! malheur à lui, malheur à toi, malheur à moi.

Il est considéré à Bordeaux, tout le monde l'estime et tout le monde a beaucoup de respect pour lui, car il est sincère et vrai dans ce qu'il dit et surtout ne ment jamais. . . . .

On ignore ce qu'il me fait endurer et combien je souffre de ses mauvais traitements; ah! Henri, tu ne peux croire à tout ce que je t'écris, car il n'est pas possible de faire tant souffrir une pauvre créature comme moi : il me prive de tout, me laisse manquer de tout; en un mot, je ne peux et veux plus vivre avec lui ; de grâce, je t'en conjure, réponds-moi, par le retour du courrier, ce qu'il me faut faire? je suis malade de peine et d'ennui, ma vie est horrible.

Sois bon Henri, pour ta pauvre sœur, qui souffre pour ne pas vouloir avouer le nom du père de son enfant; c'est une preuve de mon affection pour toi, preuve que tu n'ignores pas, et que tu ne penses laisser sans récompense.

Il paraît donc que tu quitteras l'Europe sans venir me voir pour une dernière fois. Ah! que cela me cause de peine; mais j'espère que tu viendras m'embrasser une dernière fois, n'est-ce pas?

Adieu, ta sœur qui t'aime et t'embrasse, en attendant le plaisir de te lire par le retour du courrier.

ELISA LIONNET.

La réponse d'Henri Lionnet mérite à tous égards les honneurs de la reproduction. — La voici :

Londres, 24 septembre 1865.

Ma chère Elisa,

Ton mari, me dis-tu, parle de venir à Londres pour me voir. Qu'il sache que la canaille ne reçoit jamais les honnêtes gens, et tant qu'il ne se seras pas excusé vis-à-vis de moi, il ne mettra jamais les pieds dans mes appartements. — Qu'il vienne et je le ferai mettre à la porte.

Tu me demandes d'aller à Bordeaux avant mon départ pour Maurice; je voudrais bien pohvoir le faire, mais je crains ne pas avoir assez de fonds pour cela. Songe qu'il me faudra te faire parvenir un billet de mille francs pour l'année qui sera alors échue, et quand je pense à tout ce que je vais avoir à payer, — je frémis. — Mes frais de réception vont être énormes. — Dans ce pays, vois-tu, tout ne se fait qu'à coups d'or. — J'ai une crainte, c'est de ne pas recevoir de Maurice le chiffre exact de la somme que j'ai demandée. — S'il en est ainsi, je partirai directement de Southampton.

Ton mari lance des circulaires contre moi à Maurice — tant pis. — Pour ne rien avoir de commun avec lui dorénavant, aussitôt mon arrivée au pays, je presserai les affaires de la succession pour me débarrasser de cette pension. — Il n'a pas voulu comprendre ma position lorsque je vous écrivis l'état de gêne dans lequel je me trouvais, et que j'étais obligé, par suite d'un état de choses qui me forçait à agir ainsi, de m'en tenir strictement aux mots de la lettre que je lui ai adressée lorsqu'il s'est agi de la pension. — Il s'est écrié : — Au voleur. Envisageons les deux conduites un instant, et concluons. — J'offrais de bonne foi de te continuer la pension qui ne devait en rien influencer votre mariage, — si je dois m'en rapporter aux mots de sa lettre et au sens : « Ne voyez pas dans ma démarche aucun esprit mercantile : votre sœur me plaît et quelle que soit votre réponse, elle sera ma femme. » Voilà ses propres paroles. — Un embarras, par suite des circonstances que j'étais loin de prévoir, m'oblige à m'en tenir strictement à ma réponse : au lieu de payer mensuellement, je fais savoir que je paierai à la fin de l'année. — Comme le disait ma lettre : « Je m'engage à continuer la pension *annuelle* de, etc., » et voilà qu'on crie au voleur ; considérons et voyons quel est le plus fourbe. — Aujourd'hui c'est : au voleur, demain ce sera : à l'assassin. — Il pousse les choses plus loin : il écrit je ne sais quoi, car on me dit seulement dans mes lettres : nous avons reçu une lettre de M. E. Antoine. — Je ne suis sans deviner quelle est dans un style peu favorable. — Qu'il fasse ce que bon lui semble. — Nous verrons quel est celui qui se mordra les pouces. — Il me juge comme on juge des Européens.

Toi-même, pendant un moment, tu ne m'as pas épargné dans tes lettres à Maurice. — Aujourd'hui tu réfléchis et vois qu'on ne gagne rien par un tel système. — Aie toujours pour guide ma conduite vis-à-vis de toi. Songe aux sacrifices que je me suis imposés pour te venir en aide, tandis que les autres membres de la famille ne veulent rien faire pour toi, et tu t'en trouveras bien.

Tu apprendras avec plaisir que je vais être nommé avocat d'une maison de commerce aussitôt que j'aurais pris mon diplôme, en février ; c'est un commencement.

Adieu, ma chère Elisa, porte-toi bien.

Ton frère et ami,

HENRI LIONNET.

Je ne m'occupe pas, bien entendu, de la misérable question d'argent que M. Lionnet traite à sa manière.

La pension qu'il s'était engagé à servir à sa sœur, jusqu'à la liquidation des affaires de la succession, devait être envoyée par lui mensuellement.

Il s'est exécuté deux fois, à savoir pour les mois de décembre 1864 et janvier 1865. Depuis lors, les promesses ont dû nous tenir lieu de finances.

Lettre d'Elisa Lionnet.

Bordeaux, le 25 septembre 1865.

Mon cher Henri,

Pourquoi ne cèdes-tu pas à mon désir, quand je te demande de me répondre courrier par courrier, je suis au guet du facteur ; car, mon Dieu, si Émile recevait la lettre que tu m'adresse, hélas ! mon Dieu, je serais perdue. — Mais je t'en prie, cher Henri, réponds-moi, donne-moi des conseils, des avis, des mesures à prendre ; car à qui m'adresser en pareille occasion si ce n'est à toi qui es sur le point d'être reçu avocat et qui connais si bien et ma position et les lois qui s'y rattachent ; par mes lettres, tu vis avec moi, tu peux me suivre et voir combien je suis malheureuse et combien je souffre.

Mais tu veux donc m'abandonner tout à fait, non content de ne plus m'envoyer d'argent, tu ne veux donc plus m'écrire, m'aider de tes conseils, me dire que tu viendras un jour à mon secours ; mais alors renie-moi, rejette-moi. — Seulement pense à tout, avant d'en venir là ; Réfléchis à deux fois avant de prendre cette détermination.

Ah ! cher Henri, tu as donc oublié le passé ; mais tu ne peux l'oublier ; *j'ai perdu mon honneur, car j'ai été ta maîtresse ; nous avons ensemble commis une faute que la loi puni et condamne ; notre enfant que nous avons abandonné.* . . . . nous sommes des ingrats ; ah ! frère, le doigt de Dieu nous poursuit, nous ne sommes pas heureux, et dans le secret de nos cœurs, nous expions notre faute. Et bien que ce souvenir te rende meilleur pour moi ; qu'il te fasse connaître et suivre tout ce que tu me dois ; et loin de chercher à m'oublier, laisse parler ton cœur, qui est bon, je le sais, et suis les penchants qui t'inspire pour moi ; apporte un peu de beaume à mes souffrances, et si du moins tu ne peux encore m'envoyer de l'argent, que tu m'écrives au moins quand je t'en supplie ; que tu me donnes au moins des espérances réalisables pour l'avenir et que tu me conseilles, en attendant des temps meilleurs.

Ainsi donc, je compte sur ton bon cœur, et j'espère que par le retour du courrier j'aurai de toi une jolie lettre ; Henri, je suis horriblement malheureuse, que je m'ennuie, que je souffre. Je manque de tout et je ne sais bonnement faire ? Que la vie est amère, mon Dieu, pardon pour moi, pardon pour mon frère ;

grâce pour notre faute, ayez pitié de nos cœurs repentants, et donnez-nous, mon Dieu, des jours plus heureux ; Accordez-moi, mon Dieu, que mon frère soit reçu avocat, je vous en conjure.

Adieu, cher et bon frère, ta sœur qui t'aime et t'embrasse en attendant le plaisir de te lire par le retour du courrier.

ÉLISA LIONNET.

M. Lionnet, qui ne s'émeut apparemment de rien, dans son cynique scepticisme, sent maintenant le dard le piquer.

Sa réponse trahit, pour qui le connaît, les inquiétudes que la lettre de sa sœur a fait renaître en lui.

Lettre de M. Henri Lionnet :

Londres, 27 septembre 1865.

Ma chère Élisa,

J'ai reçu ce matin ta lettre. — Je suis très-peiné de voir que tu ne veux pas faire ce que je t'ai plusieurs fois demandé de ne pas m'écrire comme tu le fais. — Il y a de ces choses qu'on n'aime pas à entendre, etc., etc. — Pourquoi donc toujours venir dire ce que tu devrais garder et surtout ne pas jeter sur une feuille de papier, etc., etc. — Lorsque je serai à Maurice, tu pourras prendre ton particulier, je t'enverrai de l'argent, une pension mensuelle et tu te dégageras de ton mari.

Adieu, ton frère et ami,
HENRI LIONNET.

La lettre d'Elisa Lionnet en date du 21 octobre, explique on ne peut mieux dans quelle situation d'esprit je me trouvais au moment où elle a été écrite. J'avais usé de tous les moyens pour arriver à savoir de la femme qui m'avait si indignement trompé, le nom de son amant. Je tenais d'autant plus à être édifié à ce sujet, que le séducteur en question pouvait être un Bordelais, peut-être même un de mes amis. Ma position n'était plus tenable.

Lettre d'Elisa Lionnet :

Bordeaux, le 21 octobre 1865.

Mon cher Henri,

N'ayant plus désormais qu'une volonté, la tienne, et voulant en tout point suivre tes sages avis, je ne puis néanmoins résister plus longtemps au désir ardent que j'ai de t'écrire, afin de te faire savoir bien des choses, et d'épancher mon cœur souffrant dans celui d'un frère aimé ; car je suis réellement bien souffrante, et je ne sais comment cela finira pour moi.

Mardi matin, le facteur me remet deux lettres, me voilà heureuse, car depuis longtemps je ne reçois plus de lettres. Ah ! surprise : lettres de Maurice. Mais quel n'est pas mon étonnement de les voir toutes deux à l'adresse de M. Emile. Il était sorti. Me voilà donc arrêtée dans mon ardeur à les ouvrir ; je ne savais comment faire, les mains me brûlaient de rompre le cachet et d'en prendre connaissance ; mais, grâce au ciel, j'eus la force de résister à la tentation, et quand M. Emile rentra, je les lui remis, etc., etc.

Il rompit le cachet, en prit connaissance sans mot dire ; seulement je le vis sourire agréablement en les lisant. Mais de qui viennent-elles ? que disent-elles ? Hélas ! j'ignore tout cela ; et ce n'est pas faute de les avoir tournées et retournées dans mes mains, de les avoir interrogées du regard. Mais ce n'est pas tout, cher Henri, laisse-moi te faire part combien ma vie est semée de *joies parfois* (mais de courtes durées) de peines, d'ennuis et de souffrances.

Figure-toi, bon frère, que la veille du jour de la réception de ta dernière lettre, j'étais presque heureuse ; mon cher mari était meilleur pour moi, il m'appelait d'une voix douce et suave : Elisa, viens ma bonne amie, j'ai besoin de toi. Tout cela était pour moi un rêve ; je le voyais bon comme dans les premiers jours de notre hymen, ces bontés ne firent qu'augmenter : il me mena promener, me caressant avec amour, m'appelant sa petite femme chérie, son Elisa. Ah ! c'était vraiment le paradis sur la terre, et je reconnaissais alors combien il était bon, aimable, affectueux ; je reconnaissais aussi mes torts envers un être qui était pour moi un ange tutélaire que j'aimais, c'était bien l'homme que le monde appelle si haut bon, juste, équitable, franc et loyal, l'homme que tout le monde aime, l'homme avenant, gracieux et aimable, ayant toujours un mot agréable à dire. Ah! que j'étais heureuse d'avoir un si bon mari, et que dans ma pensée, je te blâmais, frère, de persister dans ton refus de ne pas vouloir lui écrire; je blâmais ta conduite à son égard, lors de ton voyage à Londres. Emile si bon, comment Henri a-t-il pu blesser un tel homme, au cœur si noble et si bien placé. Ah! j'avais le cœur navré à cette douloureuse pensée.

Mais au bout de cinq jours, mon cher petit mari, me cajolant davantage encore, me dit : Ma petite femme, fais-moi connaître ton passé, dis-moi tout, je t'en prie; tiens, viens ma bonne amie, mets-toi à genoux devant ce Christ (il y en a un à la tête de son lit), et là, jure-moi quel est celui qui t'a déshonorée. A l'aspect d'un serment! Ah! jamais, le serment, c'est sacré, et jamais je ne jurerai cela, jamais... Je ne puis te l'avouer, Emile, c'est mon secret, respecte-le, je t'en supplie. — Mais, chère Elisa, pourquoi veux-tu empoisonner toujours ma vie en me laissant ignorer ce nom, avoue-moi quel est le père de ton enfant, dis-le moi, je veux le savoir. Mais puisqu'il est à Maurice, qu'as-tu à redouter. Ce n'est pas ton père? Oh! non, car la tombe s'ouvrirait pour me le dévoiler. Tes oncles non plus. Tes frères? Ah! non, encore, je les crois trop honnêtes hommes et doués de sentiments trop nobles pour avoir commis pareille faute. Mais qui est-ce donc? Si c'est un Mauricien, parle, nomme-le, que crains-tu? Que j'aille le trouver? Mais après tout, cela ne me regarde pas, tu étais demoiselle alors, et libre par conséquent; mais alors pourquoi cette obstination à me taire ce nom.

Eh bien! c'est un Bordelais alors, me dit-il : Oh! misérable que vous êtes! C'est fini pour toujours, Madame, je ne sortirai plus avec vous désormais, car j'aurais honte de me trouver en face d'un homme qui aurait été votre amant.

Ah! frère, je suis plus malheureuse que jamais, et cela pour qui? Hélas! je l'avoue pour toi seul; ah! non, je ne veux pas lui dire que tu es le père de mon enfant, je souffrirai tout avec patience et résignation, comptant, frère, que ma patience sera appréciée par toi, car seul tu sauras ce que je souffre et pour qui je souffre, mais tu sauras aussi peut-être un jour que ta pauvre sœur a expiré dans les tourments et souffrances les plus horribles. J'ignore le jour et l'heure de mon trépas, mais je sens mes forces m'abandonner, je suis vraiment bien changée et je me sens mourir; malgré tes bonnes dispositions pour moi quand tu seras à Maurice, j'ai bien peur de ne pouvoir vivre jusqu'à ce moment, je suis réellement bien malade.

Ah! cher Henri, si du moins tu ne veux pas que je t'écrive aussi souvent, et comme ta volonté est la mienne, écris-moi, toi ; donne-moi de tes nouvelles, tes lettres seront toujours les bien venues par moi et seront un baume à ma souffrance et m'aideront à supporter la vie avec calme et résignation puisque c'est pour mon frère Henri, que j'aime, que je souffre.

Je n'ai plus que toi, bon frère, car mon mari est pour moi un être odieux, que je ne puis voir en face; mais toi, tu seras bon pour ta pauvre sœur; tu la consoleras et tu l'aideras pour le moment de tes conseils et plus tard du fruit de ton travail.

Tu vois, cher Henri, par sa conduite douce et bonne en apparence le piège qu'il m'avait tendu; c'était pour me ravir mon secret, mais jamais il ne le saura, malgré le pardon qu'il m'a promis, si je lui avouais la fausseté de sa conduite le rend à mes yeux plus infâme et plus traître, je ne puis plus le voir en face.

Je crois, cher Henri, que si tu m'envoyais une pièce de cinq francs affectée exclusivement à affranchir tes lettres, cela serait plus économique il me semble.

Je ne veux pas te laisser ignorer combien je suis peinée de l'abandon de Madame Gardette, et je crois en connaître la cause; M. Emile s'est prononcé d'une manière positive se refusant de payer ma dette de 600 francs que je lui dois (avant mon mariage). Ah! frère, c'était ma seule amie, la seule personne que je voyais de temps en temps. Je t'en prie, écris lui; mais ce que je te recommande surtout, de lui taire tout le mal que me fait endurer mon cher mari, car il a le talent de faire voir au monde qu'il m'aime, et moi je garde tous ces mauvais traitements pour moi : à quoi bon les avouer, cela pourrait m'être préjudiciable; car on ne fait pas souffrir ainsi une pauvre créature sans raison; il y a quelque chose, pourrait-on dire, et pour tout au monde, je ne veux pas qu'on se doute de rien.

— Ainsi, écris à Madame Gardette, dis-lui de venir me voir, que je l'aime et que je souffre de ne pas la voir.

Tu me diras dans ta prochaine si tu lui as écrit.

Je te quitte, cher Henri, car mes forces m'abandonnent, je suis d'une très-grande faiblesse ; priant Dieu pour tous deux : pour toi, afin que tu sois reçu avocat, et pour moi, afin qu'il me donne la force de souffrir.

Adieu, cher et bon Henri, ta sœur qui t'aime et t'embrasse. J'attends ta réponse courrier par courrier, je monte la garde afin de guetter le facteur.

Elisa LIONNET.

L'adresse de Madame Gardette, Rue Mérigeau, M.

L'obéissance passive plaît à M. Lionnet. Il voit sa sœur disposée à se laisser guider par lui, et en témoignage de son contentement, il lui fait tenir cinquante francs. Voilà qui est au mieux. La conspiration du silence se trouve ainsi établie autour de moi.

Lettre de Lionnet :

Londres, 23 octobre 1865.

Ma chère Elisa,

Je vais écrire à Madame Gardette, il y a longtemps que cette idée est arrêtée chez moi. Je lui ferai savoir par une lettre que je posterai en même temps que celle-ci, que si mes premiers mois me rapportent des honoraires, je lui ferai parvenir le montant de ce que tu lui dois. Je vois avec plaisir que tu comprends aujourd'hui que tu ne dois compter que sur moi dans ce bas monde et qu'il ne faut pas perdre la seule affection qui te reste et dont je t'ai donné tant de preuves, car si en ce moment je suis environné d'ennemis, c'est-à-dire de créanciers qui me pressent, c'est bien à cause de la pension que je t'ai faite pendant deux ans. Ce n'est pas un regret que j'exprime, tu me connais assez pour savoir que je ne me repens jamais de mes bonnes actions.

Tu me demandes cinq francs, je puis en ce moment te faire parvenir un billet de cinquante francs et je n'hésite pas. — Fais en ce que tu voudras.

Adieu, ma chère Elisa, je te quitte ; il me faut aller prendre un billet de cinquante francs pour toi et j'ai loin à aller avant de trouver un changeur.

Ton frère et ami,
Henri LIONNET.

P.-S. — J'ai reçu ta lettre ce matin ; la poste ne se délivre pas le dimanche dans ce chien de pays.

Je ne sais ce que ton mari a écrit à Maurice ; il n'y a que je puis te dire, c'est que j'en bats l'œil. Je crains pour lui que ses lettres ne m'empêchent de recevoir mille francs que j'ai demandés pour avoir, en plus de la somme qu'il me faut pour mon passage et mes frais de réception en février. Si c'est ainsi, il sera puni par où il aura péché.

Comme de raison, Elisa Lionnet remercie chaudement son frère de la générosité grande dont il a fait montre en lui aumônant cinquante francs au lieu des cinq francs qu'elle le priait de lui faire tenir. « Je n'ai plus que toi ici-bas, dit-elle ; aussi, je ne veux faire désormais que ta volonté, ne suivre que tes conseils et prendre patience jusqu'au bout, etc., etc.

Puis elle ajoute : « Si je souffre, c'est que je le veux bien, et lui même souffre de me faire souffrir. Mais je mourrai plutôt que d'avouer *notre faute*. Et à mon tour, je te prouverai que j'avais une vive affection pour toi, cher et bon frère ; ma reconnaissance ne s'éteindra qu'avec ma vie, etc., etc. »

Et plus loin : « Avouez, Madame, le nom du père de votre enfant et vos souffrances cesseront, car c'est à votre obstination que sont dûes mes rigueurs à votre égard. »

Le 14 novembre 1865, Elisa Lionnet écrit encore à son frère. Sa lettre ne diffère pas des précédentes : toujours les mêmes plaintes, et les mêmes aménités à mon endroit. — Ma photographie est envoyée à M. Lionnet, ce cher et bon frère, afin qu'il puisse juger

« dans ces traits percés, le Corse, cet esprit persévérant dans ses entreprises, ne reculant
« devant aucun danger pour mettre à exécution un projet, une vengeance ! »

Le 16 novembre 1865, M. Lionnet, en homme prudent, blâme sa sœur de l'envoi de
ma photographie. — « Je te renvoie la carte que tu m'as envoyée. Tu as eu tort, dit-il, de
« t'exposer ainsi à la mauvaise humeur de ton mari. Ce n'est pas *prudent* de ta part. —
« Évite de me parler du passé ; *tes lettres peuvent s'égarer !* Je te demande même de ne jamais
« toucher à ce sujet lorsque tu m'écris. »

J'espère que le bout de l'oreille se montre assez clairement. *Tes lettres peuvent s'égarer !*
Dame ! c'est que Lionnet avait grand intérêt à ce que les lettres de sa chère Elisa, « ne fissent
pas fausse route. »

A la date du 15 décembre, M. Lionnet, annonce son départ de Londres et l'heureuse
issue de ses études. Il écrit en vue d'Alexandrie.

En vue d'Alexandrie, 15 décembre 1865.

« Ma chère Elisa,

Je n'ai que le temps de te faire savoir que je suis à Alexandrie. — J'ai été reçu avocat, et pressé par
tous mes ennuis ; je t'ai négligée ; tu m'excuseras ; j'en suis sûr, lorsque tu sauras que je suis parti, en
toute hâte pour éviter quelques créanciers....

Je suis donc reçu avocat, et en route pour Maurice. Cette nouvelle te fera plaisir.

Adieu, et crois-moi ton frère et ami,

Henri LIONNET.

Adresse tes lettres à Maurice, à M. H. Lionnet, avocat, Port-Louis. Ile-Maurice. (*Sous aucun
couvert.*)

Je suis en troisième, avec des galériens. Quel supplice !

Cette lettre te parviendra de Paris ; je la mets sous enveloppe, et l'adresse à un de mes amis....

La réponse d'Elisa Lionnet n'a pas grand intérêt. Elle réclame l'exécution des promesses faites, à savoir le paiement des douze cents francs que M. Lionnet s'est engagé à me
faire tenir par fractions mensuelles et dont il a cru devoir renvoyer l'échéance au bout de l'an.

Lettre de M. Henri Lionnet :

Port-Louis, 18 janvier 1866.

Ma chère Elisa,

J'ai un moment à moi, et je n'hésite pas à causer avec toi. Je suis arrivé à Maurice, et j'ai tout
trouvé, je parle des affaires, dans un état tel, que je puis te dire qu'il n'y aura rien à recevoir de ce côté.
Je n'ai pas encore été à Mon-Désir.

J'ai prêté mon serment avant-hier, et je vais bientôt commencer. Malheureusement, nous sommes
en vacances ; les juges, par conséquent, ne siègent pas. Aussitôt que j'aurai en poche la somme de mille
francs, je te l'enverrai pour l'année qui sera due en février. Je compte sur toi pour m'écrire des lettres
réfléchies. Mes lettres ne doivent être adressées qu'à moi, sous aucune enveloppe.

Voici mon adresse :

H. LIONNET, avocat.

8, rue de l'Intendance, Port-Louis (Ile-Maurice.)

Gustave a fait un tel mariage que je ne puis faire la connaissance de sa femme. Il traîne dans la
misère, et cependant s'il avait voulu écouter ses oncles, il ne serait pas aujourd'hui dans une si triste
position.

Adieu, chère Elisa.

Ton frère et ami,

Henri LIONNET

Figure-toi, frère, que mon cher mari compte les jours, car il espère recevoir sous peu son argent. Hier encore, il m'a dit : « Votre frère, Madame, ne reçoit pas souvent son diplôme d'avocat, cependant nous voilà à la fin de février. Est-ce que, par hasard, il me faudrait aller à Londres pour toucher cet argent ? Il est long, M. Lionnet, à tenir ses promesses ; mais nous saurons bientôt lui trouver sa marche. M. Cayrou, à qui j'écrirai, me donnera de ses nouvelles. Il me répondra, j'en suis sûr, car il l'a déjà fait. J'ai gardé le silence ; il te croit, par conséquent, toujours à Londres.

Ainsi parle Elisa Lionnet, tout en continuant à gémir sur son sort et à faire fonds sur la protection de son frère.

M. Lionnet, maintenant que plusieurs milliers de lieues le séparent de sa sœur, croit inutile de lui répondre.

Le 24 mars 1866, nouvelle lettre d'Elisa Lionnet, conçue dans le style des précédentes, mais plus pressante dans ses conclusions. « Je me plais à espérer, dit-elle que la « malle prochaine m'apportera un peu de baume, et que je pourrai prendre mon « essor. »

Et plus loin : « Il te croit toujours à Londres et ignore notre correspondance ; ainsi « donc écris-moi souvent, et surtout, pense à mes souffrances, et que ton cœur ne me fasse « pas défaut. L'avenir s'ouvre à toi magnifique, tandis que ta pauvre sœur n'a, en perspec- « tive qu'une vie de chagrin, etc., etc., etc. »

Les jours, les mois s'écoulent, M. Lionnet, ne donne pas signe de vie.

Sa sœur lui écrit le 24 mai 1866.

Mon cher Henri,

Ne m'expliquant pas du tout ton long silence, auquel j'étais loin de m'attendre ; je n'ai pour ma triste part rien de nouveau à t'apprendre ; toujours les mêmes choses, les mêmes malheurs, la même position : ne voulant pas me répéter, relis mes lettres précédentes, et tu trouveras un martyre continuel. Aussi, cher frère, j'attends de toi avec impatience, conseils, avis et secours, etc., etc. Je suis au lit, malade, n'en pouvant plus de souffrances.

Adieu, cher Henri, ta sœur qui t'aime et t'embrasse,

ELISA LIONNET.

Rue Saint-Remy, 33.

Cette fois, M. Lionnet condescent à répondre : Voici sa lettre.

Port-Louis, 6 juin 1866.

Ma chère Elisa,

J'ai reçu ta dernière lettre, et c'est avec peine que je l'ai lue. — Tu ne veux pas comprendre ma position qui est fort difficile. — Lorsque notre père est mort, j'ai été obligé de contracter une dette qui se monte à 30,000 francs pour avoir mon diplôme d'avocat ; les conditions dans lesquelles j'ai emprunté cet argent sont lourdes. — Je devrais, d'après le sous-seing privé passé entre M. Noble et moi, rendre cette somme cette année. — Mais la profession, ne donnant pas au débutant suffisamment pour satisfaire à une pareille obligation, j'ai obtenu une prolongation de délai ; et aujourd'hui, j'ai deux ans pour m'acquitter de ma dette, ce qui fait donc que j'ai, cette année, à verser la somme de 15,000 francs, et le reste l'année prochaine. Et bien, quand on a de pareilles dettes à payer, peut-on être accusé, comme je le suis par toi dans ta dernière. — Tu n'as pas réfléchi. — Autrement tu m'eusses ménagé un peu plus. — Ce n'est pas lorsque tu es oubliée par tout le monde ici ; — ce n'est pas lorsqu'on ne veut pas avoir rien de commun avec toi, que tu dois être, vis-à-vis de moi, aussi peu réfléchie. — J'ai fait pour toi ce qu'aucun membre de la famille n'a voulu faire. — J'ai tiré pendant trois ans tout ce que j'ai pu sur ma pension, pour te permettre de vivre en France, et cette somme que je t'ai passée, tu oublies que je la dois, puisqu'elle a été tirée de la somme des 30,000 francs qu'il me faut rembourser aujourd'hui, sinon, — je me verrai poursuivi pour n'avoir pas tenu des engagements qui m'ont procuré mon diplôme d'avocat.

Certainement, ta position n'est pas gaie, — mais la mienne l'est-elle? Si tu arrives à perdre ton mari, qui viendra à ton secours, si ce n'est moi. — Ce ne sera pas tes parents d'ici. — Ni ton frère Gustave. — Ni ta mère. Ta position est triste, pénible, je le sais; tu me l'as dit assez souvent. Mais aussi, laisse-moi sortir de celle dans laquelle je me trouve, et alors je t'aiderai, tu auras bien des douceurs. Berthe s'est mariée, il y a quelque temps. Je ne lui ai pas même fait le plus petit cadeau; et cependant, pour la mémoire de notre père, j'aurais dû le faire. — Mais il y a eu force majeure, je n'avais pas d'argent.

Tu me dis que ton mari viendra ici pour s'occuper des affaires de la succession, je le plains; il dépensera de l'argent pour son voyage, et il n'en sera que pour ses frais : la succession doit plus qu'elle n'a laissé. Ainsi donc, réfléchis avant de le faire prendre une pareille détermination. Théodore Sauzier, qui part prochainement pour France, et qui va à Paris, pourra donner à ton mari tous les renseignements nécessaires sur la succession. C'est lui qui s'en est occupé. Il va à Paris. — Vous pourrez, aussitôt son arrivée, avoir son adresse, et savoir de lui ce que vous ne voulez pas croire de moi. Il part à la fin de ce mois; il sera à Paris en août ou septembre.

Je te quitte; je vais défendre une femme qui a tué son enfant.

Adieu, ma chère Elisa, je t'embrasse.

Ton frère et ami,
Henri LIONNET

Comme on sent l'homme de cœur dans cette lettre si expansive; c'est bien là le langage d'un frère affectueux, d'un amant modèle et d'un bon père!

En même temps que M. Lionnet écrivait cette noble lettre, sa sœur lui adressai t de son côté les lignes suivantes :

Bordeaux, le 6 juin 1866.

Mon cher Henri,

C'est après m'être bien informée auprès du facteur de l'arrivée de la malle, sans lettre pour moi, que je me décide à l'écrire.

Je suis désespérée de ta conduite à mon égard, car ton indifférence est tellement grande, qu'elle me cause un désespoir affreux. Voilà quatre mois que je n'ai rien reçu de toi; en un mot, depuis ton arrivée à Maurice, tu m'as écrit une fois. Ah! Henri, ton cœur me fait défaut; et cependant, tout autour de toi te rappelle les devoirs que tu as à remplir à l'égard de ta sœur.

La famille qui m'a abandonnée, le triste anniversaire de la mort de notre pauvre père qui, du fond de sa tombe, vous crie à tous, mais à toi particulièrement : Pense à ta sœur, soulagez mon enfant, cette pauvre Elisa qui souffre, qui n'est pas heureuse; et pour qui?.....

Mais Henri, tu as sans doute oublié toutes tes promesses; tu es à Maurice à présent, ainsi donc quelle excuse m'alléguer? Oui, Henri, je souffre, et beaucoup; tu ne veux le croire; si tu veux être mieux renseigné, écris à M. Cayrou, de Bordeaux, et lui, te dira la vérité. Cependant, j'ai toujours gardé mon secret; mais je lui ai confié combien j'étais malheureuse, combien les privations que j'endurais étaient grandes, et cela, faute de ma pension. Il est loin de t'approuver; il traite ta conduite d'inhumanité, et il a certes bien raison; car il faut bien chercher à s'étourdir, pour étouffer les cris déchirants d'une pauvre sœur.

Ecoute, cher Henri, c'est pour la dernière fois que je te parle ainsi, je suis au désespoir, et comme mon mari semble m'aimer un peu, qu'il me parle plus doucement et que je n'y tiens plus, je vais tout, mais tout lui avouer : en adviendra que pourra.

Je t'ai assez averti, j'ai assez prié, supplié, conjuré, je n'y tiens plus. Emile veut connaître mon secret, et bien, oui! il le saura, et je ne veux plus m'inquiéter des suites. Tu me fais trop souffrir, c'est assez patienter; du reste, je n'y tiens plus, le désespoir me tue.

Quand je pense à ta conduite horrible, je deviens folle. Ingrat! non content de m'avoir fait subir le martyre il y a *cinq ans*, tu veux continuer à me faire mourir à petit feu. Ah! non; si je souffre, tu souffriras aussi; car ton indifférence ne le mérite que trop bien. Emile saura que *c'est toi qui es le père de mon enfant*.

Adieu, cher Henri, ta sœur,
Elisa LIONNET.

Rue Saint-Remy, 33.

Le sort en est jeté : l'exécution suit de près la promesse. *Emile saura que tu es le père de mon enfant.* Et en effet, je finis, après avoir subi toutes les tortures de l'enfer, par savoir l'affreuse vérité : je croyais qu'à ce moment ma tête allait éclater !......

Je n'en pouvais véritablement croire mes oreilles. Eh quoi ! cet homme sans honneur qui tenait pour nuls ses engagements lorsqu'il s'agissait d'y faire face, non seulement m'avait indignement trompé au sujet de la position financière de sa sœur, mais encore il avait poussé le cynisme jusqu'à me féliciter d'épouser son ancienne maitresse, la mère de son enfant ! En vérité, il aurait fallu n'avoir pas de sang dans les veines pour entendre raconter ces choses horribles sans se sentir monter au visage le rouge de la colère et de la honte.

Qu'on lise attentivement la lettre d'Elisa Lionnet, et que l'opinion publique prononce son jugement en pleine connaissance de cause.

Lettre d'Elisa Lionnet :

Bordeaux, le 23 Juin 1866.

Cher Henri,

Je viens causer avec toi longuement, car j'ai beaucoup de choses à te communiquer ; je suis plongée dans un grand étonnement, vu le silence que tu gardes à mon endroit ; car tu ne dois pas ignorer que tes lettres me faisaient espérer un temps meilleur, qui, certes, est loin de se réaliser, puisque voilà quatre mois que je n'ai reçu de toi aucun signe de vie.

Et bien, cher Henri, mon désespoir était tellement affreux, ma position tellement horrible, que n'en pouvant plus rien supporter, sans oublier ton entier abandon, j'ai cru devoir tout avouer à Émile, lui dire toute la vérité, lui dire que c'était toi, frère, qui m'avais déshonorée, en me faisant un enfant ; ainsi donc je lui ai tout relaté : lieux, circonstances, époques, en un mot, tout, mais absolument tout ; et cet homme vif et emporté est resté calme au récit affreux de la trop vraie réalité. — Allons, ma bonne amie, dis-moi bien toute, toute la vérité, n'est-ce pas ; ne me cache rien, parle, je t'écoute ; ne crains pas de tout avouer à ton mari, et jure lui de tout dire ? — Je le jure, Émile, tu sauras et tu connaîtras tout ; — ce qui fait que j'ai tout avoué, et Émile, dans son calme apparent, était blême, des larmes parfois remplissaient ses paupières ; mais il écoutait attentivement, sans m'interrompre et ne perdait aucune de mes paroles. Du reste, je ne sais quel sentiment animait mon cœur dans ce moment, car je lui parlais avec autant de franchise qu'à mon père, implorant à la fois son pardon et sollicitant ses bonnes grâces ; ce cruel récit a duré quatre heures de temps, depuis deux heures de l'après midi, jusqu'au soir six heures, heure de notre dîner : hélas ! comment avons nous dîné l'un et l'autre, après un semblable aveu. Émile est resté triste et rêveur ; et à huit heures, il s'est emparé de ma correspondance qu'il dévorait des yeux. et jusqu'au lendemain 10 heures du matin. il ne l'a pas quittée un seul instant, malgré mes instances à l'engager de se coucher. Dors, me disait-il, ma bonne amie, je vais venir te trouver. Oh ! Henri ! je ne pourrai jamais dépeindre le visage atterré de mon mari ; cet homme souffrait, et souffrait cruellement, il régnait chez lui un combat affreux ; cependant rien n'a éclaté, il ne m'a reparlé de rien, et depuis quatre jours, puisque c'est le 18 courant lundi que mon aveu a été fait, il est bon, m'appelle sa petite femme, m'offre de sortir avec lui, mais c'est égal j'ai peur, car je ne puis croire à un tel retour sans arrière pensée ; je reconnais, mais trop tard, que pour sortir d'un malheur, je me suis jetée dans un plus grand peut-être ; Émile a du cœur, il sent profondément le mal qu'on lui a fait, et je lui en ai fait profondément par mon cruel récit. . . . . Que va-t-il résulter de tout cela ? Hélas ! je l'ignore, que Dieu nous garde et nous protége, car tu sais, comme moi, vu que je te l'ai écrit que mon mari est d'origine corse et que les hommes de sa caste ont le cœur bien placé, qu'ils sont nobles de sentiments ; mais, qu'une injure, une offense reste longtemps gravée dans leur mémoire ; car ils ne transigent jamais avec l'honneur ; et tu sais aussi (du reste relis mes lettres), tu sais, dis-je, que je t'ai écrit qu'il avait le projet d'aller à Maurice ; et que dirais-tu s'il y allait en effet avec moi et qu'il me laissât sur tes bras, en le lançant à la face nos rapports intimes ; en le disant à toute la colonie, le faisant savoir à tout le barreau ; se présentant même chez M. le Gouverneur pour lui faire connaître notre faute à tous deux. Ah ! Henri, cette pensée me foudroye, je frémis d'épouvante à ce spectacle, à ce drame qui pourrait se réaliser sans obstacles, si tu n'apportes à ton tour de quoi détourner mon mari de semblables projets. Je dois cependant t'avouer que toutes ces choses ne sont que supposées par moi ; car mon mari est bon, doux et calme, et n'a proféré aucune menace ni contre toi, ni contre moi, depuis quatre jours qu'il connaît tout ; mais j'ai peur, car en te faisant part de mes sentiments, de mes craintes à cet égard, c'est pour que tu veilles sur toi, c'est pour que tu fasses face à tes engagements, car Émile, qui a un bon cœur noble et généreux, sait à son tour pardonner, je crois, quand il reconnaît chez les personnes des sentiments meilleurs ; ainsi n'oublie pas nos torts vis-à-vis de lui, pense combien nous l'avons trompé et peut-être que toutes ces choses te feront revenir de tes erreurs.

Car dans une de tes lettres, tu me réponds d'après mes instances réitérées, te priant d'écrire à mon mari, tu me dis que c'est lui qui t'a manqué, que c'est lui qui t'a insulté en t'appelant menteur, et que tu ne lui pardonneras jamais ce qu'il t'a écrit, à moins qu'il ne te fasse ses excuses ; je crois aujourd'hui qu'il vient te les faire (je les lui ai faites, en effet, à ma façon). Cependant je dois te dire qu'il ne m'a donné que le sommaire de sa lettre, et voilà ce qu'il m'a dit :

« Élisa, veux-tu mettre l'adresse à la lettre que j'écris à ton frère, parceque je craindrais qu'en reconnaissant mon écriture, il ne me renvoyât ma lettre comme il a fait pour celle de Londres.

Tu écris à Henri, Émile, et que lui dis-tu ? — Oh ! mon Dieu, pas grand chose, — « C'est alors qu'il me donna le sommaire de sa lettre. Comme je ne connais que superficiellement la teneur de cette lettre, j'ignore dans quels termes il l'écrit, seulement tout cela me fait trembler, et je ne sais que penser !

Je dois te dire que, relativement à tout ce que je te dis, c'est moi qui ai peur, qui redoute, qui crains pour l'avenir ; car je comprends aujourd'hui, plus que jamais, tout ce que cet homme a souffert et souffre depuis qu'il sait toute la vérité.

Je t'en prie, cher Henri, remplis tes engagements ; c'est un avis que je te réitère encore de toi à moi, car il ignore que je t'écris, vu que je ne lui ai pas fait le serment de ne plus t'écrire, en lui jurant, sur le Christ et sur les cendres de mon bon père, de lui dire toute la vérité ; il ne verra donc pas cette lettre. . . . . . Il m'a demandé à voir mes lettres, je les lui ai toutes données, sans exception aucune, y compris même la lettre qu'il t'avait écrite à Londres et que tu m'as renvoyée sans être décachetée. Et, d'où vient que cette lettre que j'ai écrite à ton frère à Londres soit parmi ta correspondance ; il te l'a donc renvoyée ? Oui lui ai-je répondu. Et qui l'a décachetée, toi ou lui ? C'est moi, car elle était fort bien cachetée quand je l'ai reçue. Quelle injure, pour un homme et quelle plus grande injure pour mon mari que de lui renvoyer une lettre non décachetée. . . . . —Ah ! Henri, tout cela m'épouvante.

Après lui avoir donné toutes ces lettres sans exception, il m'a dit : «Ma bonne amie, couche-toi. — Et toi, Émile ? —Plus tard j'irai te rejoindre ; » il était 11 heures du soir ; eh bien, Henri, mon mari a passé 14 heures de rang à lire des lettres ; j'ai eu beau l'engager à venir se coucher, il m'a toujours fait espérer qu'il allait venir, mais le jour l'a surpris dans la même occupation que le soir, n'ayant eu que sa cigarette pour laisser reposer un instant ses yeux.

Quelle faute ai-je commise de lui dire que tu étais le père de notre enfant ! mais aussi, peux-tu me laisser quatre mois sans m'aviser d'un mot, sans me donner signe de vie ; j'ai regret d'avoir fait cet aveu ; mais hélas ! c'est à ne plus y revenir : il sait tout et connaît tout.

Il a classé toutes les lettres, année par année, date par date ; et voilà que parmi tous mes papiers, il a trouvé les lettres de mon pauvre père, bien que je les avais serrées ; comme certaine lettre que je croyais avoir perdue, et qui, certes, prouve bien que notre pauvre père n'a pas ainsi laissé son Élisa dans une si malheureuse position que la mienne ; la preuve est entre les mains de mon mari, et rien ne peut détruire la vérité des faits reproduits par lettres.

Tu vois, Henri, où ton abandon nous a conduit à tous les deux, car aujourd'hui au lieu d'être seule malheureuse, il va y en avoir deux ; toi et moi, et Émile par contre, car il ne peut être heureux au milieu d'un si grand nombre de tromperies. Cependant il n'a rien dit, ni fait aucune menace ; il est au contraire doux et calme. . . . . .

Nous avons été ensemble chez M. Gayrou, avec qui il a eu un long entretien en ma présence ; il a même lu à M. Cayrou plusieurs paragraphes de tes lettres, mais avec beaucoup de prudence, et M. Cayrou trouvé très-mal à toi un tel oubli, car il dit que tu pouvais parfaitement bien nous envoyer vingt piastres par mois sans pour cela te gêner en rien. . . . . .

Comme tu l'as vu par mes dernières lettres, nous avons déménagé, en voici le motif.

L'année dernière quand Émile alla à Londres, il venait de perdre sa place où il gagnait 3,000 francs, rue Saint-Rémi, 32. A son retour peu favorable de Londres, il fut demandé pour être directeur d'une usine où nous habitions, rue Saint-Claude, 97; mais là, comme il avait affaire à des canailles, on lui demanda un cautionnement de 5,000 francs, qu'Émile a versé, et voilà que cette maison fait de mauvaises affaires ou du moins va se monter à Paris, et mon mari, pour rentrer dans son argent, est obligé d'intenter un procès à la Maison.

Ces gens qu'on ne saurait trop qualifier de malhonnêtes, car tout dans leur conduite prouve leur fourberie et leur peu de délicatesse, ont tellement bien manœuvré, qu'ils ont encore obtenu la signature d'Émile pour un atermoiement de trois années pour le payer.... Et mon mari, qui est bon, franc et loyal, a signé et accordé trois ans à la maison pour rentrer dans ses 5.000 francs.

Que résulte-t-il de tout cela, c'est que nous apprenons qu'on a fait des arrangements avec différents créanciers, sans en faire part à mon mari. Ce que fait Émile? après de sérieuses réflexions et de profondes méditations, leur intente un procès étant dans son droit d'exiger le paiement des 5,000 francs de suite suivant acte passé entre eux

Mais voilà qu'Émile est débouté dans sa demande au Tribunal du Commerce : que fait-il? tu le devines; appel à la Cour Impériale, ce qui fait que nous attendons l'issue de ce procès. Tu vois, Henri, que notre position n'est pas brillante et qu'Émile n'a pas de quoi se réjouir d'avoir pour épouse une femme qui ne lui a apporté que 200 francs de toi et 125 francs de ma tante Desenne; une femme déshonorée par son frère, qui lui a fait un enfant, un beau-frère qui supprime une pension de 1,200 francs qu'il s'était engagé de faire par un versement de 100 francs par mois. Oui, tout cela est bien fait pour l'irriter et le mettre hors de lui.

Comme tu vois, nous ne sommes pas riches, et si Émile perd à la Cour, ajouter à cinq mille francs les frais du procès, vois quelle perte et quel malheur pour un homme qui voit le fruit de ses économies perdu par le fait de gens fort peu délicats, qui l'ont trompé le mieux du monde.

Aussi avons-nous déménagé de la rue St-Claude, et nous habitons rue St-Rémy, 33, en face de son ancien comptoir.

Émile est sans emploi depuis déjà quelque temps, ce qui est loin de nous arranger, et par le temps qui court les emplois sont rares : la guerre, comme tu dois le savoir, paralyse à Bordeaux comme dans d'autres villes, paralyse, dis-je, le commerce, ce qui fait que les employés se ressentent de ce calme dans les affaires.

Ainsi Émile dit ceci : travailler à Bordeaux, travailler à Maurice, peut-être que là-bas j'aurai plus de succès; il se nourrit assez de cette pensée.

Ainsi donc, Henri, je pense que cette lettre portera son fruit, car en la lisant, tu ne peux que te reconnaître coupable en ayant manqué à tes engagements; ainsi j'espère que tu vas devenir aimable vis-à-vis ton beau-frère, et que désormais la fidélité à remplir tes promesses ne te fera plus défaut. C'est encore un conseil d'ami que je te donne et que je t'engage à suivre.

Adieu, cher Henri.

Ta sœur,
ÉLISA LIONNET.

De mon côté, j'écrivis à M. Lionnet, à la même date :

Monsieur,

C'est sous l'influence d'un sentiment des plus navrant et impossible à décrire, que je vous adresse ces lignes; votre sœur s'est enfin décidée à me faire des aveux complets et tellement circonstanciés et affreux sur votre passé à tous deux, que je ne me croyais pas la dose suffisante d'énergie pour en attendre la fin sans éclater.

C'est vous dire que je sais tout maintenant : que c'est vous qui avez déshonoré votre sœur en cohabitant avec elle; que c'est vous qui l'avez rendue mère; et que vous l'avez aidée par toute espèce de manœuvres et de machinations à vous débarrasser d'un enfant dont la vue vous eût incessamment rappelé votre commun crime.

Je sais également les souffrances que vous avez fait endurer à votre sœur à Paris, et j'ai en mains toute la correspondance que vous avez eue avec elle, — les lettres écrites par vous et la copie des réponses à vous adressées. Je possède, en outre, toutes les lettres si amicales et si bienveillantes de votre père à celle qu'il appelait son enfant chérie, son Élisa bien-aimée ; celles de madame veuve Aristide Lionnet, de madame Desenne et de votre frère.

J'attendrai pour vous écrire de nouveau une lettre de vous qui devra m'arriver par la malle qui sera distribuée à Bordeaux le 4 ou 5 septembre prochain et qui m'apportera confirmation de ce que j'ai lieu d'attendre de vous.

Avant de terminer, je crois devoir vous dire et vous assurer que le plus complet mutisme sera observé par moi au sujet de l'enfant que vous avez fait à votre sœur et sur tout ce que je sais. Tout dépendra de vous.

Que va répondre M. Lionnet ? Il n'a pas assez d'audace pour nier des faits aussi évidemment prouvés que ceux dévoilés par sa sœur.

D'un autre côté il n'a pas assez de courage pour franchement reconnaître son indigne et méprisable conduite. Il trouve plus commode de prendre un faux-fuyant, peu fait d'ailleurs pour donner le change.

Voici comment il s'exprime :

Port Louis, 7 août 1866.

Monsieur mon beau-frère,

J'ai reçu votre dernière par la malle de juillet et viens vous dire qu'elle ne m'étonne nullement. — Il y a déjà quelque temps que je m'attends à tout. Elisa m'avait assez souvent menacé ; j'étais cependant bien loin de m'attendre à celui-ci. — Je laisse Élisa en face d'elle-même et de tout ce qu'elle a dit.

Vous me dites dans votre lettre que vous avez fourni deux traites sur moi qui ont été négociées par monsieur Cayron. Je m'étonne qu'un homme qui a passé par les premières phases de la vie puisse tirer sur un jeune homme qui commence deux traites aussi fortes à *cinq jours de vue*. Si je n'avais pas déjà pris une traite de mille francs que je devais vous expédier par la malle dernière et que j'ai encore en mains, je ne sais réellement pas comment j'aurais fait, car les traites seraient indubitablement retournées, ce délai n'étant pas assez long pour moi ; — ordinairement les traites se tirent à 90 jours de vue ; — comme les traites que vous avez fournies sur moi ne m'ont pas encore été présentées et que c'est aujourd'hui le départ du courrier, vous ne recevrez aucune réponse par cette malle, si ce n'est que de moi, vous faisant savoir que je suis prêt à payer ma dette et que les traites aussitôt présentées seront acceptées.

Recevez mes salutations,
Henri LIONNET.

D'août à octobre, la correspondance est interrompue. — M. Lionnet observe un silence prudent ; sa sœur prend de nouveau les devants. Sa lettre est du 24 octobre 1866.

Mon cher Henri,

C'est dans un affreux désespoir que je viens causer avec toi quelques instants, afin d'épancher mon cœur dans le tien, espérant qu'il ne m'est pas entièrement fermé. — Je comprends aujourd'hui, cher Henri, tout le tort que j'ai eu d'avouer à mon mari que c'était toi le père de mon enfant ; mais, frère, je souffrais cruellement, j'étais si malheureuse, tu m'avais abandonnée, tu ne me donnais plus aucun conseil ; tu étais sourd à ma voix, tu doutais peut-être de la trop vraie réalité de mes souffrances ; hélas ! d'un malheur je suis tombée dans un plus grand encore ; car mon mari qui, à mon récit, semblait être bon pour moi, m'encourageait par des paroles douces et aimables à tout lui avouer ; moi, confiante, j'ai tout dit, et j'ai eu même la faiblesse de lui donner toutes les lettres, y compris même toutes les copies de celles que je t'écrivais ; repentir encore plus grand ! je ne puis plus avoir ces lettres ; elles sont sous clef, dans une boîte en fer blanc ; mon frère, peux-tu délaisser ta pauvre sœur au milieu de tant de peines ? Non, n'est-ce pas ? Tu ne peux qu'avoir pitié d'elle, elle implore ton pardon, elle se repent d'avoir fait cet aveu et te promet bien sûr de ne plus rien avouer sans ton consentement ; et pour te le prouver, laisse moi te dire que mon cher mari me harcelle pour lui avouer *ce que nous avons fait de notre enfant*; il me prend par tous les bouts : *mais je ne veux, sous aucun prétexte, le lui dire.....*

Dieu, quelle affreuse pensée !..... Il me menace souvent qu'il partira pour Maurice; il est homme à le faire, tu sais qu'il est très-entreprenant: ce qu'il veut, il le veut bien, je te l'ai dit souvent.

Mon pauvre Henri, combien je suis malheureuse, délaissée par tout le monde, pas une bonne parole, pas un mot d'amitié, pas une seule consolation. Ah! frère; je t'en supplie, écris-moi et dis-moi que tu me pardonnes, dis-moi que ton cœur me reste et que sur toi seul je puis encore compter.

Laisse-moi te prieren grâce de me sortir d'avec mon mari; tu me l'avais fait espérer à ton arrivée à Maurice; voilà neuf mois que tu y es et tu n'as encore rien fait pour moi; je t'en conjure, fais-moi une pension et j'irai vivre chez les autres comme je faisais étant demoiselle, car je ne puis et ne veux plus vivre de cette vie, je deviens folle et nourris chaque jour l'idée de me détruire.

Et je suis toujours en butte à de nouvelles inquiétudes, je frémis qu'il veuille m'emmener à Maurice. Ah! malheur; que faire? que devenir alors ? pour me soustraire à ce départ. Henri, mon frère, mon ami, prends pitié de la sœur, qui a bien souffert pour toi et qui souffre bien encore; de grâce je t'en prie, vite une lettre, des conseils, des avis, car je ne sais plus que devenir, ma raison se perd et ma tête s'égare.

Comme j'ignore entièrement ce qu'il fait et par conséquent comme je ne sais s'il t'écrira, je veux te prévenir toujours de tout ce que je saurai.

M. Gardette ayant appris qu'il avait le projet de partir pour Maurice, c'est encore moi qui suis cause de cela; mais je suis frappée, quelqu'un m'a jeté un sort, car je ne puis ni rien dire ni rien faire sans que cela me soit nuisible; voilà comment j'ai eu tort: j'ai vu une amie de Madame Gardette et je lui faisais dire combien j'étais peinée de notre brouille, et dans mon épanchement sans doute, j'aurai dit que mon mari voulait aller à Maurice; alors M. Gardette l'apprenant est venu il y a quelques jours voir M. Emile, disant qu'il voulait être payé; qu'a-t-il été décidé, je l'ignore comme le reste:

Je compte, cher frère, que tu céderas à ma prière et que par la prochaine malle je recevrai une lettre de toi, ainsi que par toutes les malles désormais: tes lettres seront pour moi seule; je me suis arrangée avec le facteur, sois sans inquiétude.

Je te quitte. cher Henri, car je souffre réellement, ma santé est affreuse; à bientôt donc le plaisir et la joie de te lire.

Ta sœur qui t'aime et t'embrasse de tout son cœur,

Elisa LIONNET.

Par la même malle, j'écrivais de mon côté à M. Lionnet :

Bordeaux, le 24 octobre 1866.

Monsieur mon beau-frère,

J'ai reçu votre dernière par la malle de septembre dernier, et viens seulement y répondre aujourd'hui; je vais vous en expliquer le motif. Par le deuxième paragraphe de ma lettre, en date du 22 juin dernier, je vous ai dit : « Que vous avez aidé votre sœur, par toute espèce de manœuvres et machinations, à vous débarrasser de la présence d'un enfant que vous avez eu ensemble, et qui vous aurait constamment rappelé votre commun crime. » Mais cela ne me disait pas ce qu'était devenue cette petite créature, fruit de votre conduite ignoble et affreuse à tous les deux? Quelques jours plus tard, me rappelant ce paragraphe (car vous n'avez pas perdu de vue que l'aveu complet de votre sœur m'a été fait le 18 juin dernier, et que ce n'est que quatre jours après, c'est-à-dire le 22 juin, que je suis venu vous en entretenir); or, je lui demandai qu'était devenu cet enfant? Elle se troubla fort à cette question, et ne me répondit que par des larmes et des sanglots. Je crus devoir attendre un moment plus opportun pour reprendre ce sujet qui semblait tant l'inquiéter. Enfin, quelques jours plus tard, j'abordai de nouveau la question si péniblement abandonnée, mais je ne fus pas plus heureux cette fois que l'autre. Elle me dit pour toute réponse qu'elle ne voulait pas me l'avouer, et que j'avais beau faire et beau dire, qu'elle ne m'en ferait jamais l'aveu. Cela m'occasionna de vives et sérieuses inquiétudes; cependant je réitérai mes vives instances auprès d'elle, à différentes reprises, sans pour cela la faire fléchir dans son obstination et ses refus continuels. « Mais qu'est-ce que cela peut te faire, me dit-elle, cet enfant ne t'inquiétera jamais. »
— Mais alors, où est-il, et qu'est-il devenu? Parfois, elle m'a en dit qu'il était mort en naissant; d'autres

fois; « il a été mis en nourrice par les soins d'Henri, mais j'ignore où il l'a mis, et j'ignore complètement ce qu'il en a fait; du reste, Henri m'a dit qu'il en ferait son affaire, et depuis, je ne m'en suis plus inquiétée. » Comme vous le voyez, de toutes ces versions, aucune ne se ressemble; je n'en augurai rien de bon; de noires réflexions vinrent m'accabler encore davantage, et certes, je n'en avais pas besoin, car la mesure était déjà trop pleine. Je crus donc, par ces motifs, attendre encore, car j'avais à prendre de grandes précautions, ne voulant pas me donner en spectacle, et ne voulant pas faire connaître à qui que ce fût que j'avais épousé une femme déshonorée par son frère, et éveiller des soupçons sur un plus grand malheur peut-être. Avec tout cela, à quoi ai-je abouti? A rien. J'en suis donc encore au même point, puisque, à l'heure qu'il est, votre sœur s'obstine autant à me cacher ce que vous avez fait de votre progéniture, qu'elle s'est obstinée à me taire le nom de l'homme qui l'avait flétrie et déshonorée.

Ah! quel malheur. Ah! oui, quel malheur pour moi de m'être empêtré dans un tel guêpier, et sans savoir comment pouvoir jamais en sortir. Enfin, Dieu qui lit au fond des cœurs, sait ce que je suis et ce que je vaux. Ah! monsieur, y aurait-il un meurtre! Oh! non, n'est-ce pas? Il ne peut en être ainsi, et je ne puis m'arrêter à une telle pensée, car cela serait horrible, et j'ai lieu de croire que par la malle prochaine, vous me direz ce que vous avez fait de cet enfant, j'en ai besoin pour ma tranquillité; car il arriverait que le pronostic de votre lettre du 24 septembre 1865, que vous écrivîtes à mon insu, à votre adorable sœur et ex-maîtresse, — par laquelle vous lui disiez : « Aujourd'hui, ton mari crie au voleur, et demain, ça sera peut-être à l'assassin, » serait réalisé. Ah! malheur, cent fois malheur s'il en était ainsi, mais je ne puis y croire et n'y crois pas; je dois donc vous dire que j'attendrai votre réponse à ce sujet, avant que de faire la moindre démarche, et pour ne pas donner le moindre éveil, au cas où je me serais trompé, chose que je désire de toute la force de mon âme. Mais si vous faites la sourde oreille à ma demande, je pourrais écrire à Mme Lagrange, accoucheuse à Paris, indice que je trouve par votre correspondance, car il paraît que cette Mme Lagrange n'est autre que l'accoucheuse qui a été choisie par vous, sans même consulter votre sœur, où votre sœur a fait ses couches par votre ordre, et que vous avez réglée et payée vous-même. Je m'arrête sur ce sujet, j'en ai déjà dit trop long, car quelques mots m'eussent suffi, mais le désespoir qui m'accable me rend le sujet trop fécond.

V. Maintenant, je vais entrer dans un nouvel ordre de choses, dans un détail qui, pour tout autre que pour vous, serait un motif d'hilarité, mais que je tiens essentiellement, malgré cela, à vous faire connaître.

Je me suis marié avec votre sœur le 29 décembre 1864, comme vous le devez savoir. Jour à tout jamais, pour moi, mémorable et néfaste, parce que j'ai été ignominieusement trompé, et par vous et par elle: D'abord par vous, en lui conseillant de se marier, comme le porte votre lettre du 12 octobre 1864, à Mme Gardette, sachant, mieux que personne, qu'elle n'était pas digne de l'homme dont Mme Gardette vous avait décliné les qualités.

Et par elle, par ce qui va suivre. Quand il a été question d'avoir des rapports intimes, à partir du jour de notre mariage, bien entendu, votre sœur a eu le talent de jouer la comédie, et une comédie tellement soutenue, que j'ai donné en plein dans le panneau. — Sa grande timidité, sa naïveté, sa piété, en un mot tout son extérieur, faisaient mon bonheur. Je respectais cette femme modèle, comme tout autre homme aussi confiant que moi eût fait, car j'étais loin d'avoir le moindre soupçon. Mais cet état de choses ne devait pas durer longtemps : Dieu en avait décidé autrement; elle était enceinte, ce qui la réjouissait beaucoup, parce qu'elle aimait considérablement les enfants, disait-elle; mais ce n'était pas cela qui la réjouissait tant : c'est qu'elle pensait, par cette circonstance, faire disparaître ce qu'elle avait tant intérêt à me cacher, et cela lui aurait probablement réussi, si elle avait pu porter à terme le fruit de notre mariage; parce qu'elle aurait par conséquent attribué à son nouveau-né, les traces de son inconduite passée; mais voilà que, trois mois plus tard, elle fit une fausse couche qui fit qu'à cette époque tout s'étala au grand jour. Voilà le point de départ de la correspondance secrète et horrible que vous avez eue avec votre sœur, et que j'ai sous les yeux. Et vous, son complice, vous n'hésitez pas à ourdir avec elle des complots et des menaces contre moi !...

Rappelez-vous donc ce que vous lui avez écrit par votre lettre du 2 juin 1865 : « Je saurai aussi, d'une manière ou d'une autre, te faire recouvrer ton indépendance; sois prudente vis-à-vis de lui, pour qu'au moins, lorsque je serai à même de frapper le grand coup, il n'y ait rien qui nous empêche de réussir; tiens compte, jour par jour, de sa conduite, avec la date en tête de la page. Si j'avais de l'argent, je n'hésiterais pas à me mettre en chemin pour te venger. — Il n'est pas dit, tout de même, que nous ne vous rencontrerons pas. » Vous voulez dire par là, sans doute, que vous désirez renouer avec elle vos relations passées. Elles ont été si jolies, je l'avoue, et si louables, que cela ne m'étonne pas. Ou bien voulez-vous dire que vous m'intenterez un procès en séparation et en restitution de sa dot (triste ironie). A la fin de ma lettre, je vous expliquerai que le procès sera vite terminé, et vous démontrerai comment j'entends les choses; vous dites aussi : « Qu'il n'est pas dit que nous ne nous rencontrerons pas. » Hélas! plutôt que vous ne pensez, probablement.

Je ne crois pas utile de vous relater votre lettre du 12 juin 1865, attendu qu'elle est dans le même sens et encore plus insultante que la précédente; pas plus que celles des 15 et 29 juin, 24 juillet, 15 août et 13 septembre 1865. Cependant dans celle du 24 septembre 1865, vous devenez plus aimable et plus courtois, et dans la crainte que vous ne l'ayez oublié, je vais encore vous en citer un petit passage bien senti. « Ton mari, me dis-tu, parle de venir à Londres pour me voir; qu'il sache que la canaille ne » reçoit jamais les honnêtes gens, et tant qu'il ne se sera pas excusé vis-à-vis de moi, il ne mettra » jamais les pieds dans mes appartements. Qu'il vienne, et je le ferai mettre à la porte. »

Autre paragraphe de la même lettre du 25 septembre 1865, reproduisant un passage de la première lettre que je vous ai écrite : « Ne voyez dans ma démarche aucun esprit mercantile, votre sœur me plait et quelle que soit votre réponse elle sera ma femme. » — Voilà ses propres paroles. » C'est vrai, c'était l'expression de mes sentiments, mais je ne me suis jamais douté que vous preniez Mademoiselle Élisa Lionnet, votre adorable et très-affectueuse sœur, pour une bête de somme que l'on vend et achète dans les marchés, et qu'avant de l'épouser, j'eusse dû la visiter et m'assurer si elle n'avait aucun cas rédhibitoire.

Autre paragraphe, toujours lettre du 24 septembre 1865 : « Nous verrons quel est celui qui se mordra les pouces, il me juge comme on juge un Européen. » Hélas! nous verrons comment on vous jugera à Maurice, quand je vous aurai fait connaître, si vous m'y déterminez. Je ne vous laisserai pas longtemps dans l'attente, je l'espère; mais dans tous les cas, je crois que je vous aurai fait une bien belle part, si je vous avais jugé comme vous le dites. . . . . mais il n'en a pas été malheureusement ainsi. . . . . Cependant vous êtes né à Toulouse, et de mère inconnue!!!!!!! Pour ce qui est de me mordre les pouces, je fais mieux que cela, je me mords les poignets. . . . . Mais, un mot de plus en passant, Toulouse est en France, il me semble! Est-ce que vous l'auriez oublié? Moi, j'ai payé mon tribu à la Patrie, et vous? point, n'est-ce pas?. . . . . L'homme fourbe dont vous parlez si dédaigneusement et qui vous pardonne la malencontreuse expression dont vous n'avez pas conscience, est un ex-maréchal des logis-chef des chasseurs d'Afrique, qui a payé de sa personne devant l'ennemi, comme le portent ses états de service, et qui peut aller à Maurice et dans n'importe quel pays, la tête haute; et vous, vous ne pouvez rester en France, votre pays natal, sans vous cacher.

Autre paragraphe, toujours lettre du 24 septembre 1865 : « Lorsque je serai à Maurice tu pourras « prendre ton particulier, je t'enverrai de l'argent, une pension mensuelle et tu te dégageras de ton mari. » Pour des promesses, vous n'en avez jamais été avare, mais autre chose est de les tenir.

Je ne crois pas utile de vous rappeler vos lettres des 23 octobre et 16 décembre 1865, ainsi que vos lettres antérieures ou postérieures, car elles sont toutes conçues dans le même style et dans le même esprit que celles que je viens de citer plus haut, et par conséquent, je vous laisse en face de vous même et de tout ce que vous avez écrit à votre chère mignonne sœur, sauf à y revenir plus tard, si vous y tenez et si vous le désirez.

Je ne peux pourtant pas terminer encore sans remarquer que vous vous posez toujours en victime en étalant vos bienfaits, quant au contraire il semblerait que vous êtes le seul qui ayez été assez adroit pour tirer parti de la position; ce n'est pas moi qui le dit, c'est votre lettre du 4 novembre 1862, à votre sœur, lettre que j'ai sous les yeux et dans laquelle vous déchirez à belles dents toute la famille et particulièrement M. Charles Laborde et Polymnie, et où vous allez jusqu'à menacer ces derniers. . . . . . . Vous dites aussi à votre sœur que les créanciers ont accepté et signé, pour elle seulement, une pension de 30 piastres tous les mois, sur les revenus des biens, les propriétés étant sous séquestre, et par le fait, il paraît qu'elle aurait reçu sa pension très-régulièrement, pendant quelque temps; mais dès que vous avez mis la main à la pâte, tout a changé.

Je ne vous parlerai pas non plus de vos lettres du 5 décembre 1862, 5 janvier, 8 mai, 5 juin 1863, etc., etc. (ainsi que des lettres de feu Aristide-Lionnet, votre père, ce serait trop long. . . . . Je m'en tiens à ce qui me concerne directement, ... Je vais être aussi laconique que possible. . . . .

Ainsi, Monsieur mon beau-frère, vous qui êtes avocat et par conséquent, appelé par votre honorable profession à défendre les intérêts de ceux qui ne vous sont rien, s'il n'était pas question de vous, et qu'un client vous déposât entre les mains un dossier tel que celui que j'ai sous les yeux, et que vous connaissez, je ne doute nullement de votre empressement à vous en saisir et à garantir d'avance le succès de la cause. Un frère, amant de sa sœur, c'est un sujet qui prête à l'éloquence. . . . . Hé bien ! tel est votre cas (ça pourra peut-être vous aider à faire un beau mariage, vous qui ne pouvez pas voir la femme de votre frère, parce qu'elle n'est pas digne de vous), et tel est le cadeau que vous m'avez fait ; et malgré cela, vous n'hésitez pas à m'accabler de menaces et d'injures que l'on excuse rarement, et de plus vous voulez vous venger. — Comment ! un personnage tel que vous n'a donc pas trouvé une femme pour assouvir sa passion ? Non, il vous a fallu choisir votre sœur, pour que ça ne sorte pas de famille, n'est-ce-pas ? Ah ! quelle honteuse conduite. Oh ! je comprends, vous êtes *très-delical* et par conséquent très-friand ; il vous faut à vous les roses et aux autres les épines, n'est-ce pas ? Rien que ça de prétentions ! au reste, il y a un vieux proverbe qui dit que les enfants de chats attrapent très-bien les souris. . . . . Pour passer à un autre ordre d'idées, vous n'ignorez pas, sans doute, que quand on flétrit une jeune personne honorable et qu'on lui fait un enfant, on l'épouse quand on a du cœur et de l'honneur ; ici ce n'était pas le cas, puisque vous ne pouviez épouser votre sœur ; mais, alors, vous deviez vous opposer de toutes vos forces à ce qu'elle contractât mariage avec un homme honorable ; n'était-ce pas déjà lui faire beaucoup d'honneur en passant par dessus sa naissance ? Mais vous, point ; vous l'engagez au contraire à se marier, sans vous préoccuper des choses fâcheuses qui pouvaient survenir et n'envisageant, sans doute, que le débarras qui allait en résulter pour vous.

Vous devez comprendre parfaitement qu'il ne m'est plus possible de vivre désormais avec votre sœur, sa présence m'étant devenue odieuse par tout ce qui vient d'être dit plus haut, et tout ce que je sais ; car si je l'ai gardée jusqu'à ce jour, c'est que je n'ai pas voulu me donner en spectacle dans une ville comme celle de Bordeaux, où je suis avantageusement connu, Dieu merci ; il m'a donc fallu une force de caractère que je ne me connaissais pas, pour supporter une telle existence sans éclater.

Mais aujourd'hui je ne puis plus y tenir, et mon parti est désormais pris, après sérieuses réflexions. Je viens donc vous prier de mettre à exécution, le plus tôt possible, le projet dont vous entretenez votre sœur par un paragraphe de votre lettre du 24 septembre 1865, que je vous ai relaté plus haut et que voici : « Lorsque je serai à Maurice, tu pourras prendre ton particulier, je t'enverrai de l'argent, une pension mensuelle et tu te dégageras de ton mari. » — Comme vous le voyez, j'entre parfaitement dans vos vues et je lève toutes les difficultés que vous appréhendiez. — De cette façon, pas de bruit, ni de scandale, ni pour vous, ni pour moi, et tout s'arrange à l'amiable. . . . . Voilà comment j'entends que la pension soit faite : . . . . Je chercherai, d'un commun accord avec votre sœur, une maison très-honorable, à la campagne ; j'en débattrai le prix en sa présence et prétexterai à nos connaissances, ainsi que dans la maison où elle entrerait, que c'est son état maladif qui nous a décidé à prendre ce parti. . . . . En conséquence, il faudrait que vous prissiez l'engagement par écrit de m'assurer, sa vie durant, tous les mois et sans retard, la somme de 150 francs (chiffre que les créanciers ont accepté et signé pour la pension mensuelle de votre sœur, lettre du 4 novembre 1862), et comme c'est moi qui prendrai l'engagement vis-à-vis des personnes chez qui elle entrera, il est très-naturel que ce soit moi qui paye, attendu que moi seul serai responsable. De mon côté, je m'engagerai également par écrit à lui faire parvenir intégralement et sur le champ la somme de 150 francs par mois, sans que je puisse, sous aucun prétexte, en retenir la moindre partie. Comme vous le voyez, le sacrifice n'est pas très-grand, attendu que vous devez me faire parvenir 100 francs mensuellement ; la différence n'est donc que de 50 francs ; mais si je pose le chiffre de 150 francs par mois, j'ai mes raisons : c'est que je veux être assuré par là qu'elle ne viendra jamais me rien demander, car pour mon compte, je ne veux rien faire pour elle ; et pour être à moitié bien et trouver une maison convenable, il faut cette somme, même à la campagne. . . . .

Quant à moi, je viens vous demander des dommages-intérêts pour le préjudice considérable que ce misérable mariage m'a causé, et remboursement des dépenses énormes que j'ai faites pour votre chère sœur. A savoir : sa corbeille de noce, montre, chaîne, bagues, broches, boucles d'oreilles, bracelets, médaillon, épingle à châles (bien entendu, tous ces bijoux sont en or.) Châle long en cachemire, chale en dentelle, robe de soie, manteaux de soie fantaisie, voilette en dentelle, mobilier, etc. etc.; ensuite médecin, pharmacien.

Pour ce qui est du chiffre des dommages-intérêts que je réclame, je vous laisse le soin de le fixer vous-même, sauf à moi de l'accepter ou de le refuser, bien que vous ne me dédommagerez jamais de ce que j'ai perdu : mon repos et mon bonheur.

Vous allez me répondre, sans doute, que vous devez 30,000 francs, comme le porte votre lettre du 6 juin dernier ; mais je vous ferai remarquer que votre lettre du 1er février 1865 dit que ce chiffre ne devait pas excéder 17,500 francs jusqu'à la fin de vos études, c'est-à-dire jusqu'à votre arrivée à Maurice; par conséquent 12,500 francs en plus, ou ce qui ferait alors en trois années 10,000 francs par année; cependant c'est très-possible puisque vous le dites, mais cela me paraît dur à croire, car il me semble que quand on a 10,000 francs à dépenser dans une année, on n'est pas harcelé par ses créanciers comme vous le mentionnez dans presque toutes vos lettres, ou alors on mène une vie impossible. Il me semble d'ailleurs, que quand on jouit comme vous de la confiance publique, on peut bien aviser à un moyen; mais au fait, je m'arrête, car je lis dans une de vos lettres à votre chère sœur, que personne n'a le droit de « venir mettre le nez dans vos affaires privées. »

Je tiens pourtant avant de terminer ce long et pénible épître, à répondre à un paragraphe de votre lettre du 7 août, que j'ai reçue par la malle du 7 septembre dernier. « Je m'étonne qu'un homme qui a passé par les premières phases de la vie, puisse tirer sur un jeune homme qui commence deux traites aussi fortes à cinq jours de vue; » mais je vous trouve vraiment surprenant! Puisque vous deviez, aussitôt arrivé à Maurice, m'envoyer le montant de ce que vous me deviez depuis le mois de février 1865, il me semble au contraire que j'y ai mis de la complaisance ou plutôt du retard, puisque je n'ai fait traite sur vous qu'au mois de juin et que vous n'avez payé qu'en septembre dernier. (Il est vrai que je ne vous savais pas à Maurice, sans quoi je n'aurais probablement pas attendu si longtemps.) C'est probablement en reconnaissance des bienfaits dont vous m'avez comblé que j'aurais dû attendre que vous soyez disposé à m'envoyer de l'argent.

Mais avant de conclure, je crois devoir vous parler de Madame Gardette à laquelle il est dû 680 et quelques francs par votre sœur avant son mariage, je mets 700 francs pour faire un chiffre rond. Vous lui avez dit, par votre lettre du 23 octobre 1865, qu'aussitôt arrivé à Maurice vous vous empresseriez de lui faire parvenir son dû. (Sœur Anne, ne vois-tu rien venir?) Impatiente de ne rien recevoir, il y a une quinzaine de jours que son mari est venu me faire une visite très-peu courtoise, attendu que nous sommes brouillés avec cette famille au sujet de cette dette, m'étant refusé à la payer, car vous aviez dit à votre sœur de contracter une dette de 200 francs et que vous payeriez trois mois plus tard et qu'elle ne s'y était pas conformée (il y a longtemps que les trois mois sont écoulés), et qu'ensuite vous avez promis à Madame Gardette, comme je vous le dis plus haut, que vous la payeriez aussitôt votre arrivée à Maurice. (Voilà un an juste que vous avez fait cette promesse.) Mais M. Gardette qui a passé, lui aussi, « par les premières phases de la vie, » qui a une nombreuse famille et qui a besoin de ses capitaux, me menace actuellement de m'assigner en payement (C'est comme chez Nicolet, ça va de plus fort en plus fort.!) attendu, me dit-il, qu'il ne vous connaît pas et qu'il ne veut pas courir après vous; que désormais il ne veut avoir à faire qu'à moi; j'ai cependant obtenu de lui un sursis afin de pouvoir vous informer du fait. (J'avoue que c'est une singulière manière de témoigner sa reconnaissance aux gens qui se sont tant dévoués pour votre si affectionnée sœur.)

Ainsi donc, quoique vous m'ayez fait dire par M. Charles Cayrou, de Maurice (cela m'a été répété par M. Cayrou père, de Bordeaux), qu'il n'ait plus à me négocier des traites sur vous à si courts jours, prétendant que c'est par élan de votre bon cœur et par générosité que vous me passez la pension de votre sœur, je viens cette fois pour la bonne règle vous demander, pour ne pas courir la chance d'un retour, à quelle époque vous désirez que je fasse traite sur vous de l'importance de 1,600 francs, suivant détail ci-après :

Par votre lettre du 13 février 1865, vous m'avez adressé 200 francs pour la pension de décembre 1864 et janvier 1865.

Or, à partir de février 1865 à février 1867, soit 24 mois échus. . . . . 2.400 »
Dû à madame Gardette et reconnu par votre lettre du 23 octobre 1864. . . . . 700 »

Total. . . . . 3.100 »

Reçu pour 2 traites tirées sur vous et négociées par M. Cayrou. . . . . 1.500 »

Reste net. . . . . . 1.600 »

Valeur en ma traite sur vous ou en votre réglement.

J'attendrai donc une lettre de vous à mon adresse par la malle venant de Maurice et qui sera distribuée à Bordeaux dans les premiers jours de janvier prochain.

Je ne saurai trop vous recommander de me faire une réponse catégorique et circonstanciée : attendu que c'est de votre réponse que dépendra ma détermination d'entreprendre le voyage de Bordeaux à Maurice, pour vous ramener votre sœur que je ne veux plus garder.

Je vous avise en même temps que si nous partons, vous aurez à régler notre passage à notre arrivée à Maurice, mes moyens ne me permettant pas de disposer d'une pareille somme, ajoutée à la perte de temps.

Ainsi donc, il reste bien entendu que votre silence sera considéré, par moi, comme une acceptation à la traite de 1,600 francs à 30 jours de vue, avec frais, car je ne tiens pas à être assigné par M. Gardette, en payement de ce qui lui est légitimement dû ; et également le réglement de mon passage ainsi que celui de votre sœur, de Bordeaux à Maurice. Du reste, avant de partir, je vous aviserai, et adresserai une lettre à chacun des membres de la famille, c'est-à-dire à M. Théophile Lionnet, à M. Félix Lionnet, à Mme Desenne, à la Mme veuve Aristide Lionnet et à M. Gustave Lionnet, leur annonçant à tous notre départ et notre arrivée sans autres détails, attendu que je me propose de descendre chez vous comme étant pour moi le chef de la famille et afin de ne pas faire connaître au monde le peu ou plutôt le manque d'harmonie qui existe entre nous, car je ne tiens pas plus à me donner en spectacle à Maurice que je ne l'ai fait à Bordeaux. Nous aurions un entretien particulier et secret pour entrer en voie d'arrangement si c'est possible, ainsi que pour prendre les mesures que nous suggérera la prudence pour la conduite que nous aurons à tenir l'un vis-à-vis de l'autre. S'il arrivait au contraire qu'il ne vous conviendrait pas de me recevoir, comme il vous a convenu à Londres de me refuser votre porte, suivant votre avis, je descendrais à l'hôtel, ce qui ne manquerait pas je pense de faire un très-mauvais effet, et c'est ce que je voudrais éviter, si c'est possible, parce que je ne tiens pas, comme je vous le dis plus haut, à faire rire le monde à mes dépens ; du reste, ça sera encore votre affaire, vous aurez tout le temps de la réflexion ; mon embarras serait d'autant moins grand, s'il en était ainsi, que je serais porteur de diverses lettres de recommandation de personnes des plus haut placées de la ville. — Cependant n'allez pas croire que je tienne tant que cela à faire votre connaissance et à aller dans vos appartements ; si nous pouvons nous entendre par correspondance, et cela au plutôt, je vous déclare nettement, et franchement que cela m'arrangera fort, parce que je ne tiens pas le moins du monde à entreprendre ce voyage qui n'a rien de souriant pour moi, et si je ne m'abuse, vous y avez encore plus d'intérêt que moi, encore une fois, votre réponse que j'attends par la malle de janvier prochain, décidera de tout.

Recevez mes salutations,

P. Émile ANTOINE.
Expert en comptabilité commerciale,
Rue St-Rémy, 33, à Bordeaux.

P. S. — J'ai également sous les yeux diverses lettres de feu Aristide Lionnet, votre père, qui sont autant de preuves d'un mystère que je chercherai à découvrir sous peu, je l'espère, si Dieu me conserve la vie, dont une qui indique qu'il n'a pas quitté cette terre sans penser à sa fille, puisque j'y lis : « Que l'idée de ma mort ne te préoccupe pas sur ce point, mes affaires sont arrangées dans mes dispo- « sitions de façon que tu ne coures aucun risque pour ta pension. Dans quelques lieux que tu ailles, si une

« semble qu'une jeune fille qui se présente avec une pension assurée de 150 francs par mois peut et doit
« jouir de cette indépendance qui nous laisse libre de peser les actes de notre conduite, etc. »

P. E. A.

Privée de nouvelles, et anxieuse sur son sort, Elisa Lionnet ne se lasse pas d'écrire.
L'indifférence absolue de son frère ne la décourage pas.

Bordeaux, le 24 novembre 1866.

Mon cher Henri,

Tu veux donc m'abandonner tout à fait ; tu ne m'écris plus, tu ne me donnes plus de tes nouvelles, plus de conseils, plus d'avis, en un mot, plus rien..... Ah ! frère, peux-tu me fermer ainsi ton
cœur ! mais le malheur m'accable de tout son poids et je ne peux dépeindre (car la dose est trop
grande) tout ce que je souffre ici-bas. Oh ! non, jamais tu ne le croirais, si ma plume pouvait le trans-
crire.

Aussi je ne sors plus, je ne vois plus personne, je vis comme une vraie sauvage au milieu de mes
sombres ennuis ; je ne veux plus vivre ainsi et ne puis plus y tenir, quoique mon mari m'ait remis
toutes mes affaires, telles que bijoux, châles, etc., etc., depuis ce terrible aveu, et qu'il m'avait retirées
avant ; je dis terrible aveu, car je croyais non pas bien faire en avouant que tu étais le père de notre
enfant, mais du moins être moins malheureuse ; hélas ! oh malheur !............ Oui, malheur, car il
n'est pour moi plus de joie ici-bas, plus d'heureux jours. Hélas ! que me font aujourd'hui tous ces bijoux
que j'enviais autrefois de tout mon cœur : rien, oh ! oui, rien ; je ne veux qu'une chose, ma liberté, et
tu me l'avais fait espérer ; j'y comptais, j'endurais la vie avec plus de résignation ; mais, hélas ! ta conduite me tue, et si j'ai eu tort, plains-moi, mais épargne-moi la grande douleur de ton délaisse-
ment.

Henri, mon frère, je n'ai que toi à qui ouvrir mon cœur ; toi seul au monde sais ce que j'ai souffert
et souffre encore ; tu m'as perdue et tu ne veux pas me tendre une main secourable. Oh ! de grâce, écris-
moi, et sépare-moi d'avec cet homme ; du reste, il ne demande pas mieux. Pour moi, je ne puis plus
le voir ; et, pour comble de bonheur, il me persécute à outrance pour savoir ce que nous avons fait de
notre enfant......... Oui, Henri, il ira pour sûr à Maurice, et avec moi encore ; et que m'importe moi
Maurice Ah ! je t'en prie, épargne-moi cette affreuse traversée. Mais, frère, remues-toi ; écris-lui à cet
homme, cède à tout ce qu'il te dira, car ton avenir est entre ses mains. Frère, pardon ; oui, pardon d'a-
voir tout avoué ; mais ton abandon, ton indifférence à mon endroit m'a tellement peinée, que, folle de
désespoir, j'ai ouvert ce cœur flagellé et martyrisé par toi.

Il t'a écrit, mais quoi ? Hélas ! je l'ignore ; seulement il murmure souvent assez haut et je comprends : « Oui, oui, j'irai à Maurice ; ah ! il lui faut des excuses à ce petit esprit ! oh ! non, je n'en fais
pas d'excuses à un homme comme lui ; il est trop petit pour se mesurer avec moi ; sa conduite est trop
infâme pour qu'il mérite ta moindre considération.

Ah ! Henri, pensé à ton avenir, à ta position ; quel malheur ! si cet homme venait un jour à Maurice, chose qu'il fera, et qu'il dévoilât au grand jour toute la vérité. Il veut écrire à toute la famille ;
quoi ? je ne sais. Je te donne encore un sage et prudent conseil : fais tous tes efforts, gênes-toi même
pour venir satisfaire à ses demandes, je t'en conjure, car je mourrais plus vite s'il faisait connaître notre
faute à tous deux.

Ainsi, cher Henri, ton Élisa, ta sœur, fait un appel à ton cœur ; elle implore ton pardon, réclame
ton affection, ta protection, tes conseils et des secours pour aller vivre loin d'un homme qu'elle ne veut
ni voir ni endurer.

J'espère que la malle prochaine m'apportera de toi une réponse favorable.

C'est dans cet espoir que je te quitte en t'embrassant de cœur,

Ta sœur et amie,

ÉLISA LIONNET.

J'obtiens enfin, à grand peine, une réponse de M. Lionnet. Comme toujours, cet
homme habile ou plutôt cet incestueux sans vergogne, passe sous silence les faits honteux
qui le lui sont reprochés. Il se borne à dire :

Port-Louis, le 18 décembre 1866.

« Monsieur mon beau-frère,

Par ma dernière lettre, j'ai fait droit à votre demande d'argent, parce que la somme que vous me demandiez était due ; je reconnais aussi que je me suis engagé vis-à-vis de madame Gardette pour la somme qu'elle réclame. Je regrette seulement de ne pouvoir, pour le moment, éteindre cette dette. Il m'a fallu, pour faire face à une de vos traites, emprunter cinq cents francs que je n'ai point encore rendus. Tout ce que je puis donc faire, c'est d'écrire à madame Gardette que j'espère d'ici six mois avoir réglé avec elle. Vous parlez de venir à Maurice, ceci ne me regarde point ; vous pouvez y venir pour vous occuper de vos affaires. Vous verrez alors par vous même que les choses sont autrement que vous le croyez. Mais, quant à votre projet d'avoir toutes vos dépenses et votre voyage payés par moi, ma position ne me le permet pas. Je suis moi-même chez les autres. — Dans un paragraphe de votre lettre vous me parlez de votre position, et vous dites que je me suis entendu avec Élisa pour vous jouer. — Lorsqu'Élisa a parlé de se marier, je lui écrivis qu'elle était maîtresse de ses actions, qu'elle, mieux que personne, savait ce qu'elle avait à faire.

Plus loin, vous me demandez ce qu'est devenu l'enfant d'Élisa. — Je vous répondrai qu'il est en nourrice et je ne m'arrête pas à tout ce que contient ce paragraphe.

Si vous désirez mettre à exécution votre projet de voyage ici et que vous désiriez toujours vous séparer d'Élisa, vous pouvez demander le divorce d'un commun accord. Si cela ne vous sourit pas, et que vous ne puissiez venir tous les deux, entreprenez le voyage seul et vous pourrez vous faire une idée de la position des affaires de la succession que je ne connais pas, attendu que je ne m'en occupe pas. — Seulement, je vous le répète, ma position ne me permet pas de vous faire entrevoir l'espérance que vos dépenses seront payées par moi.

Je termine un peu à la hâte ; il est tard.

Henri LIONNET. »

En même temps, il écrivait à sa chère Elisa la lettre que voici :

Port-Louis, 18 décembre 1866.

« Ma chère Elisa,

Tu regrettes aujourd'hui ce que tu as fait et surtout de n'avoir pas hésité à commettre la lâcheté de dire à ton mari que c'était moi qui étais le père de ton enfant, et cela dans un moment d'emportement, parce que je ne t'envoyais pas d'argent lorsque moi-même j'étais gêné. — Je comprends ta position aujourd'hui.

Et, malgré tout, tu te retournes vers moi pour me dire de ne pas t'abandonner, de te donner quelques conseils. — Ton mari, me dis-tu, désire savoir où est ton enfant, il m'écrit à ce sujet. — Je lui réponds que tu as dû lui dire que l'enfant était en nourrice. — Où ? demande-t-il. — Pour cela il n'a pas besoin de le savoir. — Tu vois aujourd'hui combien tu as eu tort ; tu dois bien le regretter, car, certes, c'est loin d'être une belle récompense pour moi, après ce que j'ai fait pour toi. — Tu le sens toi-même. — Eh bien ! il est encore temps, si tu ne veux pas lui dire quel est le père de ton enfant, — tu peux, il me semble, lui dire que ce n'est pas moi, — car je crois que tu le laisses avec cette idée.

Je suis pressé.

Henri LIONNET. »

Voilà qui est clair et net. Malheureusement, on ne me trompe pas deux fois ; et le beau système imaginé par M. Lionnet, pour me faire croire à son innocence, ne devait servir qu'à rendre plus infâme aux yeux de tous sa conduite à mon égard.

Lettre d'Elisa Lionnet

Pont de la Maye, 24 décembre 1866.

« Mon cher Henri,

Dans ma dernière lettre du mois dernier, je te priai, cher frère, de me séparer d'avec cet homme dont la présence me faisait mal. Hélas ! aujourd'hui, je suis loin de lui, mais pas plus heureuse pour cela.

Le 28 novembre au matin, mon mari me dit : « Madame, il faut vous habiller convenablement, nous allons sortir. » Quel ne fut pas mon étonnement. — « Oui, mon ami, mais pour où aller et pourquoi faire sortir ? — Je vais vous mener visiter la campagne que vous devez habiter désormais, faire connaissance avec la famille à laquelle je vais vous confier ; et surtout soyez convenable, que rien ne paraisse devant le monde car je ne veux pas qu'on se doute un seul instant de notre mésaccord ; votre état maladif réclame le grand air, un changement de vie, d'exercice ; le médecin vous a ordonné la campagne ; en un mot, voilà le motif qui doit être donné à nos connaissances et amis pour notre séparation (les miennes sont peu nombreuses.) » Hélas ! ce motif ne peut qu'être accepté par tout le monde, car je ne tiens plus sur ma tige, je suis un spectre de maigreur, et jaune comme un citron ; en un mot, je suis vraiment changée.

Mon Dieu ! que je suis malheureuse, combien je souffre des épreuves sans nombre que vous m'envoyez chaque jour ; mon Dieu ! de la force et du courage. Je m'habille, et Émile qui était sorti pendant ce temps pour aller chercher une voiture, m'appelle ; je descends, je monte en voiture et nous partons. Mes yeux se remplissaient de larmes à la triste pensée que désormais je n'avais plus personne à qui confier mes peines : seule au monde, délaissée par tous les miens, par toi Henri . . . . Demander et supplier l'affection des étrangers, implorer leurs soins, quand on a un mari, un frère, une famille . . . . Oh ! mon Dieu, que de peines, que de chagrins ! Oh ! que je m'ennuie et combien je souffre. . . . .

Enfin, nous arrivons, car c'est loin de Bordeaux cette propriété. On annonce M. et Madame Émile Antoine ; quelle n'est pas ma surprise de voir une dame âgée, cependant fort gracieuse. On cause ; la dame me demande si j'aime la campagne : Oui, Madame. Pensez-vous vous plaire avec moi ? Ah ! oui, Madame (Il faudra bien). Nous visitons la propriété qui est immense, fort belle, un cours d'eau, un moulin, basse cour, voitures, chevaux, vignes, prairies , etc., etc. ; la propriété villa Furon est très-jolie, 86 journaux de terrain ; mais, hélas ! tout cela ne fait pas mon bonheur. Mon Dieu, soulagez mes souffrances et mon chagrin ; loin de chez moi, loin de tout les miens, quelle affreuse pensée.

Nous prenons congé de M. et Madame Furon et nous repartons pour Bordeaux.

« Vous voyez, Madame, que mon choix n'est pas mauvais, j'espère que vous êtes satisfaite ? — Oui, Émile, mais pourquoi me renvoies-tu, pourquoi me mets-tu chez des étrangers ? — Madame, votre présence m'est odieuse, votre conduite passée. . . . . Je ne puis plus vous voir sous mes yeux, votre entêtement à me cacher ce qu'est devenu l'enfant que vous a fait votre frère, tout votre passé réuni empoisonne mon existence ; peut-être qu'éloigné de vous, je reviendrai plus calme, moins sombre ; en un mot, je reviendrai ce que j'étais avant mon mariage : gai, heureux et content.

Du reste, je pense que vous aussi, vous serez plus heureuse ; rien ne vous manquera, médecin, médicaments, seulement vous aurez pour docteur celui de la maison villa Furon.

A présent, Madame vous, n'aurez plus qu'à faire vos malles, car le 1er décembre, nous devons nous séparer, du reste, ce qui a été convenu devant vous. » — Sans résistance aucune, j'ai cru devoir me conformer à sa volonté ; ce n'est pas sans avoir arrosé de mes larmes ce pauvre linge, que j'ai fait mes malles. Ah ! je n'y tiens plus à tout cela ; la vie n'est pour moi qu'une chaîne continue de peines et d'ennuis ; avoir à quitter sa maison, chassée de chez son mari, le seul être qui me restait en ce monde, malheur sur malheur. Oh ! Henri, tu m'as tué, en me conseillant de me marier ; ton cœur est insensible, tu m'as abandonné, et c'est cependant pour toi et pour toi seul que je souffre ?

Oh ! cruel ; mais ta conscience ne te reproche-t-elle rien, et notre enfant ? . . . . tu étouffes son cri sans doute, tandis que moi, je l'écoute toujours ; oui, nous avons trompé cet homme et nous sommes coupables, nous avons empoisonné sa vie désormais ; il passait sur ma naissance, eh bien, à la vue de cette grandeur de cœur, nous ne devions pas aller plus loin, tandis qu'au contraire nous lui cachons notre faute à tous deux, et toi tu manques à tes promesses, tu te joue d'un homme sérieux, ah ! Henri, ta conduite est affreuse ; tu sais ta sœur malheureuse et tu ne fais pas un léger effort pour la secourir. Mon Dieu, mon Dieu, je me meurs d'ennui, c'est trop souffrir !

Ce qui fut dit fut fait le 1er décembre ; Émile me conduisit à la campagne, je quittai donc Bordeaux sans voir personne. Je laissai la maison de mon mari, non sans fondre en larmes, car hélas ! pas d'espoir d'y revenir (Quoique malheureuse chez lui, je n'étais pas chez les autres).

Oh ! cette pensée me fait mal, et je ne puis y songer sans une douleur amère ; nous arrivons, nous sommes parfaitement accueillis, nous déjeunons tous ensemble (hélas! pas d'appétit). Nous fîmes quelques tours au jardin, Émile et moi, pour le monde toujours, et il me quitta, me disant qu'il viendrait le dimanche, car sur semaine il est trop occupé; me recommandant de bien me soigner, de me rien négliger; enfin il me laisse. Mon Dieu, me voilà redevenue fille! Reprendre cette vie seule au monde; oh! que je suis malheureuse! la mort, oh! oui, qu'elle vienne car je n'y tiens plus, je souffre trop. Henri, me voilà donc depuis un mois bientôt séparée de mon mari, plus de frère, plus d'amis, plus de parents, plus rien. Oh! grand Dieu, pitié pour moi, que ma vie se termine dès aujourd'hui, car j'ai le cœur percé et navré de douleur.

Je suis très-bien dans cette maison, la dame est bonne, le Monsieur, je le vois peu, car je suis si triste, si accablée que je ne fais guère attention à rien; seulement cette dame a trois enfants, dont deux jeunes gens et une demoiselle, qui sortira sous peu de pension; et peut-être que sa présence me rendra la vie moins insupportable (Hélas! il n'est pour moi plus de bonheur.) Un fils est élève en médecine à Paris et l'autre chez un armateur à Bordeaux; cette famille est très-bien, ce sont des gens aisés, et je crois qu'Émile doit payer cher, car je suis très-bien. Mais, hélas! l'on ignore ce que je souffre et nul baume à ma douleur morale.

Émile est venu me voir le dimanche, quelques instants seulement, prétextant les affaires (car c'est un travailleur, je dois l'avouer.) Mais désormais, il ne viendra plus si souvent et il me dit en particulier: Allons, Madame, tâchez de vous remettre, car il faudra peut-être supporter la mer bientôt; nous irons à Maurice. — Mon Dieu! et pourquoi faire? — Que cela ne vous inquiète pas, vous le saurez un jour. Quelle agonie de plus; mais non, je ne veux pas aller à Maurice! quelle agonie, désormais, que ma vie.

Que faire, mon Dieu, pour ne pas aller à Maurice? Conseille-moi, Henri, car tu le peux désormais sans crainte; personne ici ne décachettera mes lettres, et je te donne mon adresse:

Madame Émile Antoine, chez Monsieur Furon,
sur sa propriété au moulin de Talenceau, par Gradignan,
Pont-de-la-Maye (Villa-Furon.)

Je pense que désormais tu m'écriras, tu seras bon pour moi, car n'oublies donc pas que ce que je souffre, c'est pour toi; que ma vie est un martyre de tous les instants, et qu'un jour peut-être tu auras regret de toutes mes souffrances, mais trop tard.

Je te quitte, cher Henri, car je suis très-fatiguée; je compte sur ton bon cœur pour soulager mes maux, ma position est horrible, mon ennui est affreux et de jour et de nuit, je suis en face de mon malheur, car désormais rien ne peut me distraire de mes peines.

Je confie ma lettre à la laitière qui va tous les jours à Bordeaux; sûre d'elle, je puis compter sur sa discrétion.

Adieu, cher et bon frère, ta sœur qui t'aime et t'embrasse,

ELISA LIONNET.

P. S. Je pense que la malle de mars me portera une lettre de toi, si je n'en reçois pas avant, et fais-moi savoir ce qui se passe entre toi et lui, car j'ignore ce qu'il fait?

Dans la lettre suivante en date du 23 janvier 1867, Elisa Lionnet fait montre de courage et de dignité dans son abaissement. C'est bien assez d'avoir commis un crime; elle ne veut pas l'aggraver en revenant sur des aveux faits en son âme et conscience.

Lettre d'Elisa Lionnet. Pont-de-la-Maye (villa Furon), 23 janvier 1867.

Mon cher Henri,

Ta lettre m'a fait bien plaisir, et je suis heureuse encore un peu à la pensée que ton cœur m'est toujours ouvert; frère, je souffre et cruellement, je t'assure, car j'ai un vif regret d'avoir avoué que tu étais le père de mon enfant; mais aujourd'hui c'est un mal sans remède; car j'ai juré sur le Christ et sur les cendres de mon pauvre père que c'était toi qui m'avait flétrie, déshonorée; je ne puis donc revenir sur cet aveu qui m'a tant coûté à faire et qui, aujourd'hui, fait mon désespoir; je ne puis donc nier mon serment, car faire un faux serment serait encore plus affreux; et que m'en arriverait-il? Hélas! je l'ignore, mais pour sûr rien d'heureux.

Mais, cher Henri, pourquoi m'avais-tu abandonnée, pourquoi ne pas me conseiller quand j'implorais de toi ma règle de conduite; si je suis coupable d'avoir avoué notre faute à tous deux, toi aussi tu es coupable de me délaisser, de ne rien faire pour moi et de me refuser même un sage et salutaire conseil.

Ah! cher Henri, je ne suis pas heureuse, et l'ennui me dévore; je suis très-bien dans cette famille, mais hélas! encore chez les autres, délaissée par tous les miens; quant à mon cher mari, je l'ai vu le 2 janvier; il vint me souhaiter la bonne année, m'embrassa, bien entendu, pour la forme et pour le monde; il me dit n'avoir pu venir me voir plus tôt, vu ses occupations, et comme il sait que je ne manque de rien, il est plus tranquille, vu ses empêchements à venir me voir plus fréquemment.

Cependant, il a trouvé le temps de venir aujourd'hui, et quel n'a pas été mon étonnement; mais voici le motif de sa visite.

Comme il a fait trois traites sur toi et qu'il les a portées chez M. Cayrou pour qu'il les lui escompte, M. Cayrou lui dit qu'il fallait ma signature et qu'après il les lui escompterait; mon cher mari sans se décourager vint à la campagne me faire signer ses traites, sans me donner d'autres détails, que de me dire : signez, Madame, ces trois traites, votre signature est nécessaire pour que la maison Cayrou me les escompte; et j'ai dû signer, sans observation, ce qui fait qu'il est en possession de la somme qu'il tire sur toi! Ah! frère, sans te donner des conseils, je t'en supplie, en grâce, fais face à sa demande; car songe un peu à ce qu'il t'adviendrait?

Tu es avocat, appelé à faire ton chemin; tu es intelligent et capable, eh bien! cher Henri, remue ciel et terre, fais tous tes efforts pour seconder un peu cet homme; car, plus que jamais, il veut partir pour Maurice, et alors une fois là-bas, tu penses qu'il parlera et il parlera bien haut; il dévoilera tout au grand jour, et que deviendrons-nous?. . . . . Hélas! nous serons perdus à tout jamais; ah! cher Henri, cette pensée me tue; aller à Maurice, non? Ah! non, n'est-ce pas? tu m'éviteras cet ennuyeux voyage quoique mon mari veuille m'emmener, car il me le dit toutes les fois qu'il vient ici : « Allons, Madame, il faut vite vous rétablir, car nous devons aller bientôt à Maurice. » Je ne réponds rien, car j'espère en toi, tu es mon frère, toi seul connais tout ce que j'ai enduré depuis deux ans que je suis mariée, toi seul es la cause de mon malheur; car lorsque tu écrivis à Madame Gardette en réponse à sa lettre qui te parlait de mon mariage, tu lui répondis, je me le rappelle fort bien, que tu me conseillais d'accepter ce parti et tu lui écrivis même ceci : que dans le cas où je me marierais, tu t'engageais à me faire une pension mensuelle de 100 francs par mois, ce qui, à mon tour, me fit faire cette réflexion : et si je ne me marie pas, alors il ne me fait plus rien; et Madame Gardette me dit : Votre frère ne s'est pas étendu, mais il vous fera toujours votre pension, etc., etc.

Mais, Henri, je ne le suis que trop mariée, pour mon malheur, et tu n'as pas envoyé cette pension promise et sans laquelle je ne me serais pas mariée. Réfléchis un peu, et crois à la sincérité des paroles de ta sœur; car du jour où tu n'as plus envoyé ma pension, de là vient mon malheur, mes ennuis, mes peines, mes privations, en un mot mon martyre.

Et si au contraire, tu avais été fidèle à ta promesse, rien de fâcheux, peut-être, ne serait arrivé; j'aurais eu toujours une bonne et je ne serais pas épuisée aujourd'hui; tu aurais correspondu avec ton beau-frère et vous seriez en parfaite intelligence. Il ne m'aurait pas persécutée pour savoir mon secret, et par conséquent, je n'aurais pas avoué que tu es le père, le père de notre enfant, aveu que je ne puis rétracter, car j'ai juré que c'était toi le père; en un mot, je serais heureuse et toi aussi.

Tandis que tout cela est bien différent aujourd'hui; je suis séparée (bien contente), mais je suis loin d'être heureuse, car j'ai peur que cet homme parle, et il parlera; j'ai peur qu'il aille tout dévoiler à Maurice et il le fera; et pourquoi toi ne l'empêcherais-tu pas, car tout dépend de toi; toi seul es coupable; ton sort et le mien sont entre tes mains. Coûte que coûte, il faut nous sauver; suis mes conseils, cher Henri, je les crois bons.

D'abord, il m'a placé dans une très-bonne maison, rien ne me manque, il doit payer cher, quoiqu'à la campagne, et tu penses bien qu'il ne voudra pas payer une pension pour moi sans avoir son recours sur toi. Du reste, tu m'as fait espérer qu'une fois à Maurice, tu me ferais une pension mensuelle et que je me séparerais de mon cher mari ; mais aujourd'hui c'est fait, séparés nous sommes d'un commun accord, à toi donc de faire la pension : tu vois encore que mon sort est entre tes mains.

J'ignore s'il t'écrira, car je ne le lui ai pas demandé, ni si tu lui avais écrit ; je ne sais rien de ses affaires, ni ne veut rien savoir, ni lui non plus des miennes ; aujourd'hui j'ai fort bien pris mes mesures pour qu'il ignore si je reçois, oui ou non, des lettres et si j'en écris ; il ne sait donc pas que tu m'as écrit ; j'ai donné les étrennes au facteur, peu de chose, c'est vrai, car je n'ai que quelques sous qu'il m'a laissés (toujours pour le monde), et moi, en cachette, j'en ai donné quelques-uns au facteur qui me seconde parfaitement. Ainsi, cher Henri, tu peux m'écrire sans crainte et me conseiller n'importe quoi, je ferai toutes tes volontés sans redouter personne.

J'espère recevoir de toi une lettre par toutes les malles, c'est-à-dire tous les mois, car c'est là ma seule distraction au milieu de mes souffrances. Ah ! frère, te dire mon ennui, mon chagrin, oh ! non, je ne le le puis, ma plume ne pourrait en retracer la réalité tout entière ; mais je souffre, je suis perclue, ma tête s'égare et ma raison se perd, au milieu d'un si grand désespoir. J'appelle la mort. Ah ! oui, quelle réponde à ma voix ; et la mort n'a pas un mot qui me réponde ; je l'appelle de tout mon cœur, car mieux vaut mourir cent fois que de souffrir comme je le fais et depuis si longtemps.

Frère, ne sois plus sourd à ma voix, à mes souffrances ; c'est pour toi que je souffre, et toi seul es la cause de mon malheur. Que ton cœur me reste au moins au milieu de tant d'épreuves ; rend ma vie moins amère, tu le peux ; travaille, remue-toi, cherche et trouve de quoi alléger tous mes maux.

Allons, cher ami, je compte toujours sur ton bon cœur ; suis mes conseils, redoute la présence de mon mari à Maurice, épargne nous cet affront à toi et à moi ; songe que ton avenir est perdu et que nous serons tous deux sur le pavé. Ainsi, cher frère, fais face à ses demandes ; s'il t'en coûte, gêne-toi, prive-toi, mais au moins que ton avenir te reste ; ne flétris pas davantage le nom de notre pauvre et digne père que la mort nous a ravi au milieu de fatigues et d'ennuis ; que son souvenir ranime ton courage et qu'il te donne la force de vivre même de privations, si ta position n'est pas assez brillante pour faire face à tes engagements.

Adieu, cher et bon frère.

Ta sœur qui t'aime et t'embrasse,
ÉLISA LIONNET.

M. Lionnet n'ayant pas cru devoir répondre catégoriquement, pour être fidèle à ses précédents, à ma lettre du 24 octobre 1866, je la lui confirmai le 25 janvier 1867, en ces termes :

« Par votre lettre en date du 18 décembre dernier, vous me dites : « Vous parlez de venir à Maurice, ceci ne me regarde point. » Et qui donc est-ce que cela regarde, si ce n'est vous ? Avez-vous donc oublié que je suis en possession de votre ignoble correspondance avec votre sœur, et des copies fidèles des lettres qu'elle vous a adressées ? Non, n'est-ce pas ?..... Vous me dites que votre enfant est en nourrice ; et chez qui, s'il vous plaît ? Et qui paye les mois de nourrice ? ce n'est pas vous, ni moi non plus. Or, si c'est vous qui les payez, quel intérêt auriez-vous à payer la nourrice d'un enfant qui ne vous est rien ? Donc vous n'avez pas assez réfléchi pour me faire avaler cette pilule. Je découvrirai où vous avez placé votre enfant, fût-il dans les catacombes, car il faut qu'il soit mort ou je vous le porterai, vous pouvez y compter. Il faut que cet enfant retrouve son père ; rien ne me coûtera pour résoudre ce problème.

J'attends donc de vous une lettre par la malle venant de Maurice, et qui sera distribuée à Bordeaux dans la première quinzaine d'avril prochain. Il serait inutile de m'écrire, ce délai passé, parce qu'il est probable que je ne serai plus à même de recevoir aucune de vos lettres. J'ai pris toutes mes mesures pour notre départ dans les premiers jours du mois de mai ou juin prochain. A vous de relire ma lettre du 24 octobre dernier et d'y répondre catégoriquement ; il en est temps encore, si vous voulez nous éviter ce long et ennuyeux voyage.

Pour me servir de vos mêmes expressions, quoique cela ne soit pas très parlementaire :

Je termine un peu à la hâte... ; il est tard. »

P. ÉMILE ANTOINE.

La première partie de la lettre ci-dessus n'ayant trait qu'à la question d'intérêt, je l'ai supprimée, me réservant d'ailleurs, comme je l'ai dit, de publier plus tard, s'il y a lieu, la correspondance dans son entier.

———

Lettre d'Elisa Lionnet :

Pont-de-la-Maye (villa-Furon), le 25 février 1667,

Mon cher Henri,

Je n'ai rien reçu de toi par cette malle et cela me fait de la peine; pourquoi m'abandonner ainsi? Frère, je t'en supplie, ta sœur souffre, elle est fort malheureuse, je t'assure, et son existence est horrible. Tu oublies cher ami toutes tes promesses; tu es à Maurice et tu ne fais pas plus, un jour que l'autre, pour ta pauvre sœur. — Cependant ma vie est entre tes mains; si je souffre tu sais pour quoi et pour qui? Tout le monde à Maurice ignore ma cruelle agonie, car aujourd'hui le mal est à son comble, j'ai gardé le lit pendant 20 jours et je suis dévorée par une douleur continue; je suis à bout de forces, tout me fait mal, mais la poitrine particulièrement, et je me sens si malade, et si épuisée, que j'ai envie d'écrire à ma tante et à la veuve, afin qu'elles ne soient pas si étonnées et si surprises quand elles apprendront ma mort. . . . . . . Si je te parle ainsi, cher Henri, c'est que tels sont mes sentiments; je meurs chaque jour d'épuisement, de peine et d'ennui; inutile de t'écrire ce que mon cœur renferme d'amertume; non jamais, c'est trop; seulement une dernière grâce à te demander pour le peu de temps qui me reste à vivre, tu ne peux me refuser; trouve-moi un moyen pour que je ne voie plus mon mari; cet homme me fait mal, toutes ses paroles me blessent; en un mot, je ne puis plus le voir, sa présence me cause trop de mal. Ah! si tu savais tout ce que j'endure, mais tout, sauf devant le monde, et cette politique ne peut plus durer, il faut y mettre un terme et tu es le seul être qui puisse me soulager et me tirer d'une semblable position.

Frère, un retour sur toi-même, depuis longtemps je t'implore; que mes malheurs touchent ton cœur, c'est Élisa qui te supplie; que le souvenir de notre père chéri réveille tes bons sentiments; tu es bon, je le sais, mais les 4,500 lieues qui nous séparent refroidissent ton cœur à mon égard; car tu ne peux croire certainement à la réalité de tous mes maux. Hélas! ils sont si grands cher Henri, tu ne sais pas tout. . . . . . . Je souffre, ah! oui et beaucoup; personne à Bordeaux ne connaît mon malheur; je voudrais fuir, m'en aller, où? Ah! grand Dieu, je ne sais que penser pour trouver un peu de bonheur.

Ah! mon pauvre père doit bien souffrir de voir son Élisa si malheureuse; lui au moins s'il vivait la sortirait d'un si grand abîme de douleurs; eh bien! frère, tu me restes, c'est pour toi que j'ai souffert depuis déjà si longtemps et que je souffre tous les jours; je n'ai personne à qui ouvrir mon cœur, personne à qui compter ma triste position, personne à qui demander conseil qu'à toi, à toi; écris-moi donc ma règle de conduite, mais de grâce tire-moi de cet affreux abîme; je veux vivre loin de cet homme, c'est-à-dire ne plus le voir jamais, ne plus avoir besoin de lui en rien; pouvoir me reposer sur toi entièrement; je t'en prie, cher ami, ne me refuse pas cette dernière grâce qui, je crois, ne sera pas de longue durée, car ta pauvre sœur touche à la tombe et son agonie augmente tous les jours; que le regret de ne pas avoir satisfait à ma juste demande ne te reste pas un jour, car le remords serait affreux. Ah! cher frère, au nom de notre pauvre père acquiesce à ma demande, au nom de notre enfant, au nom de tout ce qui t'est cher; fais que je sorte de cette horrible position, fais que je ne voie plus mon mari et que j'attende tout de toi, car désormais mon sort est entre tes mains, ma vie t'appartient puisque c'est de toi que j'attends des secours. . . . .

Adieu, frère, ta sœur qui t'aime et t'embrasse du meilleur de son cœur.

ELISA LIONNET.

P.-S. — Écris-moi vite une bonne lettre, car je ne puis plus vivre de cette vie. — Je suis toujours à la campagne.

———

La réponse de M. Lionnet me parvient enfin. Dès que j'en eus pris connaissance, mon parti fût décidé. Je fis en conséquence mes préparatifs de départ pour Maurice.

Voici la lettre de M. Lionnet, et la réponse que j'y fis faire par sa sœur.

Port-Louis, 5 avril 1867, (reçue le 27 mai 1867).

Monsieur mon beau-frère,

Je viens vous informer que si je ne réponds pas à votre lettre, c'est que je suis pris de la fièvre paludéenne épidémique, depuis trois à cinq mois, et qu'il y a six semaines que je l'ai.

Du reste, je ne suis pas chez moi. — Je suis à 24 kilomètres de la ville, et il m'est impossible d'être exact et de m'occuper de mes affaires.

Recevez mes salutations,

Henri LIONNET.

Bordeaux, le 12 Juin 1867.

Cher Henri,

Mon mari me prie de t'écrire, lui-même ne pouvant le faire, et moi, j'accepte avec plaisir, car j'ai besoin de te dire bien des choses.

Emile a été loin d'être satisfait du retour des traites impayées, et il a fallu passablement de pas et de démarches pour trouver ces fonds. Je t'assure, cher Henri, que je ne m'explique en rien ta conduite.

Je t'annonce que nous partons demain, 13 courant, à 7 heures du matin, à bord du navire le *Robur*, capitaine Defoy, mon mari, moi et notre enfant. Voilà ton ouvrage; c'est à toi seul que je dois d'entreprendre un semblable voyage.

Tu es avisé aussi par moi, que mon mari a fait une traite sur toi de 2,000 francs, endossée par M. Cayrou, pour notre passage : celui de mon mari, le mien et celui de notre enfant. Je me plais à espérer que tu y feras honneur. Elle est à quinze jours de vue, etc., etc.

Quant à moi, cher Henri, tu m'as fait bien souffrir, et j'ignore si j'irai jusqu'à Maurice, car je suis fort malade. — A la grâce de Dieu.

Je te quitte, car je tombe de fatigue.

Ta sœur qui t'aime et t'embrasse,

F. ÉMILE-ANTOINE, née Lionnet.

Le délai fixé s'écoule; M. Lionnet fait la sourde oreille. En conséquence, nous prenons passage sur le navire le *Robur*, capitaine Defoy, à destination à Maurice..... Par une lettre circulaire, j'informe de notre départ tous les membres de notre famille.

Nous arrivons à Maurice : l'accueil le plus froid nous est fait partout. M. Lionnet a élu momentanément résidence à la campagne (au Mapon); il ne daigne pas se déranger pour nous. Force nous est de prendre logement à l'hôtel de la Marine, en attendant qu'il plaise à M. Lionnet de s'occuper de notre installation. Pendant ce temps, Mme Desenne veut bien, à diverses reprises, nous admettre à sa table; elle a également l'obligeance grande d'écrire à M. Lionnet, pour l'inviter à nous venir voir. M. Oscar Desenne lui écrit de son côté en termes pressants. M. Lionnet se décide enfin à nous faire visite.

Je dois noter (entre parenthèses) qu'à mon arrivée dans l'Ile, la traite de 2,000 francs que j'avais tirée de Bordeaux sur M. Lionnet, ayant été protestée, faute de paiement, je fus obligé d'en rembourser le montant, frais en sus.

Après avoir demeuré dix-sept jours à l'hôtel, je fus assez heureux pour pouvoir m'établir chez Mme Schneider, rue des Limites, 51. Je n'oublierai jamais les bons soins dont nous avons été l'objet dans cette hospitalière maison, de la part de personnes qui nous étaient étrangères. Outre Mme Schneider, Mme Beynard et Mme Zamudio, qui n'ont cessé de nous témoigner l'affection la plus sincère, nous avons eu à nous louer beaucoup de l'excellente famille Zamudio, dont les consolations nous ont puissamment aidé à supporter les rudes épreuves par lesquelles nous avons passé. La famille Lecudennec a été aussi pour nous pleine de prévenance et d'attention. — J'ai été d'autant plus touché des marques de sympathie que ces personnes véritablement bonnes n'ont cessé de nous donner, que j'avais moins le droit de m'y attendre, l'isolement s'étant fait autour de moi. J'ai de plus à remercier chaleureusement M. Dromart de l'honneur qu'il m'a fait en venant de son propre mouvement assister aux obsèques de cette femme infortunée, qu'une mort chrétienne a purifiée d'un crime dont M. Lionnet porte seul aujourd'hui le honteux fardeau.

Je bénis le ciel d'avoir placé près de moi, dans ces jours d'amertume, ces amis bienveillants, qui ont compati à mes souffrances, alors que ma famille me traitait en paria et que M. Poupinel de Valencé, pharmacien, me refusait, à raison même de ses relations avec les Lionnet, les médicaments prescrits par mon médecin, M. Bonnefin aîné. Ce charitable docteur me savait malheureux ; il n'a rien exigé de moi avant mon départ de l'île, pour prix de ses soins.... En me recommandant à lui, M. Baudrimont, professeur à la Faculté des Sciences de Bordeaux, me recommandait à un autre lui-même, c'est-à-dire à un homme de grand savoir et de grand cœur.

C'est au bon vouloir de MM. Dupuy et Cie, pharmaciens, que j'ai dû de pouvoir apporter quelques adoucissements à la maladie à laquelle Elisa Lionnet a succombé ; je suis encore redevable à MM. Dupuy et Cie, d'un solde de médicaments.

Me W. Newton, qui a si victorieusement plaidé la cause de M. Lionnet, pourra-t-il désormais, lui qui se vante, à juste titre, de connaître les hommes, soutenir aussi éloquemment qu'il l'a fait un client dont il connaît maintenant de façon positive les antécédents, et osera-t-il, dans sa justice, m'accuser de pratiquer le *chantage ?* J'ai trop bonne opinion de son esprit et de ses sentiments pour le supposer capable d'une telle désertion des principes élémentaires de l'honnêteté. Certes, je n'ai pas eu lieu de me louer de la manière dont Me W. Newton a cru devoir me traiter, dans l'intérêt de son ami M. Lionnet ; mais son excuse était évidemment dans son ignorance des faits que je viens de rapporter ; et je suis le premier à lui pardonner sa vivacité de langage, persuadé qu'après avoir pris connaissance de ces pièces qui manquaient au procès, il pensera de moi et de son ancien ami tout autre chose que ce qu'il en a dit. Il ne songera plus alors à faire la leçon à son collègue Me Eugène Bazire, au sujet de mes légitimes prétentions, et il se trouvera ainsi d'accord, non-seulement avec ce savant avocat, mais ce qui vaut mieux encore, avec la justice et le bon sens.

En dernier lieu, qu'il me soit permis de remercier Me Tessier, avoué, de l'assistance qu'il a bien voulu me prêter, à l'occasion de mon affaire en justice, et que les personnes qui ont eu assez de confiance en moi, pour m'avancer les fonds nécessaires à la défense de mes intérêts, reçoivent aussi l'expression de ma gratitude.

CONCLUSION

Ma Conclusion sera brève :

J'en appelle à tous les hommes d'honneur, et c'est dire assez qu'à Maurice ma voix sera entendue : Mérite-t-il la considération dont il est entouré, celui qui, après avoir tué moralement sa sœur, en commettant de complicité avec elle un crime de nature à soulever d'horreur tout cœur bien placé, n'a pas craint de briser du même coup l'existence d'un homme auquel personne n'a jamais eu rien à reprocher, et qu'il a fait passer à vos yeux, Messieurs, pour un fourbe et un exploiteur !

A vous de décider.

La lumière est faite maintenant sur cette phase honteuse de la vie de M. Lionnet, restée jusqu'ici inconnue.

Vous saurez désormais, vous, Messieurs, qui avez le respect de la famille et le sentiment inné du devoir et de la dignité, que cet « honorable avocat » a souillé la couche virginale de sa sœur, et qu'après avoir rendu mère cette malheureuse créature, il l'a abandonnée sans même se soucier de subvenir à ses plus pressants besoins.

Et l'enfant né de cet accouplement incestueux, qu'est-t-il devenu ? Hélas ! Dieu seul le sait….. et M. Lionnet. — — Si les Enfants-Trouvés ne l'ont pas recueilli, — et j'ai lieu de le croire, puisque son bon père a voulu me persuader qu'il était en nourrice, — il a dû disparaître de la terre. Comment ?

That is the question.

Je n'insiste pas davantage.

Aussi bien, la cause est entendue, et en dire plus long, serait vouloir prouver l'évidence.

Un dernier mot :

Je n'ai pas renoncé à retourner à Maurice ; peut-être même estimerai-je comme un devoir d'y reparaître au moins pendant quelque temps, pour montrer qu'aucune des lettres qui figurent dans cette publication n'a été falsifiée, ni amplifiée aucunement, et que si par impossible il plaisait à M. Lionnet de m'attaquer en diffamation, je suis prêt à lui répondre, — pièces justificatives en mains.

P.-Émile ANTOINE.

Expert en Comptabilité commerciale,

15, *Rue du Port-Saint-Ouen, à Batignolles-Clichy.*

PARIS.

Avant d'entreprendre cette publication, j'ai cru de mon devoir d'en prévenir M. Henri Lionnet. Voici la lettre que je lui ai écrite à cette occasion :

Bordeaux, 4 novembre 1868.

A Monsieur Henri Lionnet, avocat aux Pamplemousses. (Ile Maurice.)

Monsieur,

Soucieux de remplir les volontés dernières de votre sœur, et fermement résolu à revendiquer personnellement des droits que vous ne pourriez, en aucun cas, nier, mais que vous réussiriez peut-être à éluder, en arguant, comme vous l'avez fait souvent, de votre position précaire, je viens vous dire de quelle façon j'entends user de la position exceptionnelle que les circonstances m'ont créée vis-à-vis de vous, et ce que je compte faire si, par impossible, il vous plaisait de considérer mon avis comme non avenu.

Je tiens à honneur de vous rappeler certains faits qui ont précédé et suivi la mort de votre sœur. Je le fais surtout pour l'acquit de ma conscience, sachant bien qu'ils vous sont connus ; mais d'autre part, comme en cas de refus de vous d'obtempérer à ma légitime réclamation, j'ai le dessein de publier la présente lettre, il importe que tout y soit au moins sommairement relaté.

Donc, après l'attentat dont j'ai été victime, et qui n'avait d'autre but (j'en appelle à votre conscience) que de vous débarrasser d'un paiement à faire, le jour même, et de vous emparer, moi mort, de pièces au dernier point compromettantes pour vous, vous savez que nous avons été réduit, votre sœur et moi, à la triste nécessité de vivre au jour le jour, que les secours de vous et de votre famille nous ont complétement fait défaut, et qu'en un mot, moi qui avais tous les droits, j'ai supporté, grâce à vos manœuvres, le poids du mépris public…… . . . . . Toutes ces choses vous sont entièrement connues, et dans votre for intérieur, vous êtes obligé de vous l'avouer à vous-même.

Vous ne sauriez non plus nier, toujours en votre âme et conscience, que ce n'est pas un désir de lucre qui m'a fait vous demander les 20,000 francs que vous m'avez souscrits ? Le billet que j'ai en mains a été par vous librement rédigé et signé ; et vous avez été le premier à en reconnaître la parfaite légalité, car il ne faisait que représenter les sommes dépensées par moi, et que vous avez reconnu me devoir ! Il n'y a eu de ma part, en cette circonstance, pression d'aucune sorte. Je n'ai fait qu'affirmer honnêtement et posément des droits que vous avez, de votre côté, tenus pour légitimes, et auxquels, conséquemment, vous avez donné satisfaction. Tout s'est donc passé dans les formes.

Le premier pacte de la somme souscrite échéait le 14 février 1868 ; vous avez cru pouvoir annuler le premier effet de votre signature en attentant à mes jours. — Remarquez que je n'attaque pas ici la décision du tribunal qui vous a reconnu innocent de ce crime ; mais, vous-même, vous rendez-vous pareille justice ? . . . . .

Je viens réclamer de vous ce premier réglement. J'espère que vous vous empresserez de faire honneur à cet engagement, et que la malle prochaine m'apportera la somme dûe. J'agirai d'ailleurs, avec vous, je vous en préviens, comme vous croirez devoir agir vous-même. Votre manière de procéder, selon qu'elle sera en cette circonstance, loyale ou déloyale me dictera mon devoir, je dis : *mon devoir*, car je ne ferai que me conformer au vœu de votre sœur, que je considère comme sacré, en publiant, à Maurice, toute la correspondance que j'ai en mains, et qui a été échangée, soit entre vous et votre sœur, soit entre vous et moi, ainsi que le jugement rendu contre vous.

Vos compatriotes seront alors pleinement édifiés sur votre conduite ; ils sauront désormais à qui ils ont affaire, et je les tiens pour gens de trop d'honneur pour ne pas vous faire porter, à la suite de cette publication dans l'Ile, le poids de votre honte.

C'est donc à vous de décider. Vous savez positivement aujourd'hui quelles sont mes intentions, et vous me connaissez assez pour savoir, de plus, que je suis homme à tenir parole.

Je vous salue,
P. Emile ANTOINE.

Je soussigné, Henri Lionnet, reconnais devoir, à M. Émile-Antoine, la somme de vingt mille francs, que je lui paierai ainsi que suit : Dix mille francs le quatorze février mil huit-cent soixante-huit, et les dix autres mille francs, le quatorze février mil huit-cent soixante-dix.

Bon pour 20,0000 francs.   Port-Louis, ce 20 décembre 1867. Henri LIONNET.

D. n° 1. — Ceci est la reconnaissance qui m'a été produite, à moi soussigné, magistrat du district, pour l'interrogatoire de Henri Lionnet, accusé d'une tentative d'assassinat, et à laquelle j'ai dû en référer, après l'interrogatoire de Pierre Émile-Antoine, à l'occasion de ladite accusation.

Signé : Illisible, magistrat du district de Pamplemousses.

Ce 26 mars 1868.

L 0. 0. 10 1/2

Enregistré à Maurice, le 21 juillet 1868. — Reg. C. 107, N° 4,270. Reçu 50 francs à 1/4 0/0.

Signé : Illisible.

Copie et Traduction d'un Jugement rendu par la Cour suprême de Maurice

AU PROFIT DE

M. ÉMILE ANTOINE

N° 15,329. — Victoria, par la Grâce de Dieu, Reine du Royaume-Uni de la Grande-Bretagne et d'Irlande, Défenseur de la Foi	N° 15,329. — Victoria, by the grace of God, of the united kingdom of Great-Britain and irland, Queen Defender of the Faith,
A	To
Emile Serret, huissier de Cour suprême,	Emile Serret, one of the ushers of the supreme Court,
Salut :	Greeting :
Attendu que le vingt-trois juillet mil huit-cent soixante-huit, Émile-Antoine, par Joseph-George Tessier, son avoué, fit une demande contre Henri Lionnet, du district de Pamplemousses en cette île,	Whereas Emile Atoine, by Joseph-George Tessier, his attorney, filed on the twenty-third day of July in the year one thousand eight hundred and sixty-eight a declaration against Henri Lionnet, of

avocat; celui-ci n'ayant pas comparu, un règlement d'audience fut rendu contre lui, dans la cause, disant que le jugement ne devait pas être signé contre lui, par suite de défaut de défense et de comparution.

C'est pourquoi il fut considéré juste par la Cour, le treize août mil huit cent soixante-huit, de faire recouvrer sur ledit Henri Lionnet, la somme de deux mille dollars, ou 10,000 francs, pour une dette incontestable avec celle de quatorze dollars, ou 70 francs, pour les intérêts inhérents avant cette époque (actuelle); et dûment due audit Émile Antoine, ensemble avec les frais de poursuite s'élevant à la somme de cinquante et un dollars et quatre-vingt-quinze cents, ou 259 fr. 75 c., soldés par ledit Émile Antoine en cette occurence;

Et, attendu que, ces dites sommes, montant ensemble à la somme de deux mille-soixante-cinq dollars et quatre-vingt-quinze cents, ou 10,229 fr. 75 c., n'ont pas été payées audit Émile Antoine;

Nous faisons commandement de faire exécuter sur le champ la saisie et la vente de toutes propriétés dudit Henri Lionnet, autant que faire se pourra, par la loi actuelle de Maurice, partout où toute propriété pourra être trouvée dans le ressort de la juridiction de cette Cour. — Ladite somme de deux mille soixante-cinq dollars quatre vingt-quinze cents, ensemble, avec les intérêts sur ladi te somme de deux mille dollars de dette principale, et cinquante et un dollars quatre-vingt-quinze cents, calculée au taux de neuf pour cent par an, à partir de la date dudit jugement, et aussi le coût de son exécution.

Témoin : Son Honneur Charles Fargubar, premier juge au Tribunal de Port-Louis. Le vingt-huit août mil huit cent soixante-huit.

Signé : Illisible.
Greffier.

Enregistré à Maurice, le vingt-huit août, mil huit cent soixante-huit, Registre C. 107, N° 4,489. Reçu : 1 livre st. 3 shill. 3 p., ou 29 fr. 05 c.

Signé : N. Lesage,
Pour le Receveur.

L'ordonnance précédente, dûment enregistrée dans le registre C. 107, n° 4,889, a été signifiée par moi, huissier soussigné, audit nommé et titré Henri Lionnet, du district de Pamplemousses, en lui en délivrant une copie véritable, à lui en personne, en sa demeure, située comme il est dit ci-dessus.

Le vendredi quatre septembre mil huit cent soixante-huit.

Signé : Émile SERRET, huissier.
Maillard Street, à Port-Louis.

Distance parcourue : six milles.
Coût : L 1. 2. 0, ou 27 fr. 50 c.
Enregistré à Maurice, le quatre septembre mil

the District of Pamplemousses, in this island, barrister at law who not appearing, a Rule of Court was served upon him, to their cause why judgment should not be signed against him for want of a plea and he have not shewn such cause.

Therefore it was considered by the Court, on the thirtieth day of August, in the year one thousand eight hundred and sixty-eight do recover against the said Henri Lionnet, the sum of two thousand dollars for a certain debt, with the sum of fourteen dollars for interest thereon before that time, due and owing to the said Emile-Antoine, togeheter with the cost of suit amounting to the sum of fifty-one dollars and ninety-five cents by the said Emile Antoine, in the behalf expended.

And whereas the said sums amounting together to the sum of sixty-five dollars and ninety cents have not been paid to the said Emile Antoine.

We command you forthwith to make and boy by distress and sale of such Property of the said Henri Lionnet, as may be levied upon by the existing law of Mauritius where soever such Property may be found within their Juridiction of this Court, the said sum of two thousand [and sixty-five dollars, and ninety five cents together with interest upon the said sum of two thousand dollars, principal debt, and fiftyone dollars and ninety five cents, costs at the rate of nine per centum per annum, from the date of the said Judgment and also the costs of this execution.

Witness His Honor Charles Fargubar, Shandchief Judge at the Court house at Port-Louis.

One the twenty-eighth day of August in the year one thousand eight hundred and sixty-eight.

Signed : Illegible,
Greffier.

Registered at Mauritius, on the twenty-eighth day of August one thousand eight hundred and sixty-eight.] Register C. 107. Number 4,489. Received : one pound, three shillings and three pence at 1/4 0/0.

Signed : N. Lesage.
Pro Receiver.

The foregoing writ fifa duly enregistered in Reg. C. 107, Nr. 4,489 was served by me the undersigned usher, on the within named and styled Henri Lionnet of the District of Pamplemousses Barrister at Law and Proprietor by delivering true copy there of to him in person at his residence situate as a fore said.

On Friday, the fourth day of September in the year one thousand eight hundred and sixty-eight.

Signed : Emile SERRET, of Maillard Street, Port-Louis. Usher.

Distance travelled : over 6 miles.
Costs : L 1. 2. 0

huit cent soixante-huit. Registre A. 147.
N° 4,578. Reçu : neuf pence, ou 0 fr. 90 c.
Signé : *Illisible*.

PROCÈS-VERBAL

Le ci-inclus nommé et titré, Henri Lionnet, n'a
ni immeubles, ni biens mobiliers que je puisse, ou
saisir, ou prendre, ou remettre, ou payer audit
Émile-Antoine, ou desquels je puisse faire de quoi
acquitter la dette, ou partie de cette dette, men-
tionnée dans l'ordonnance, suivant qu'il est com-
mandé par ce jugement dûment enregistré dans le
registre C. 107. N° 4,489.

Daté dans le district de Pamplemousses, ce quatre
septembre mil huit cent soixante-huit.

Réponse de Émile SERRET, Huissier de Port-Louis,
rue Maillard.

Coût : *L* 0. 8. 0, ou 10 francs.

Enregistré à Maurice, le quatre septembre mil
huit cent soixante-huit. Reg. A. 147. N°
4,579. Reçu : 9 pence, ou 0 fr. 90 c.
Signé : *Illisible*.

Vu au Consulat de France, à Port-Louis, Ile
Maurice, le seize septembre mil huit cent
soixante-huit, pour légalisation de la signature de M. Henri. (*Illisible*.) Receveur de
l'enregistrement, au Port-Louis.
Le consul de France,

Art. 12, n° 317.   Signé :

Sans frais.   LAPORTE.

Par devant la suprême Cour de Maurice :

Note de frais faits à la requête de Émile Antoine, demandeur, et Henri Lionnet, défendeur.

Sur la demande en paiement de 10,000 francs, ou 2,000 dollars, montant d'une échéance du 14 février 1868, sur une obligation de 4,000 dollars, ou 20,000 francs. Avec pouvoir absolu de poursuivre,
en date du 4 août 1868.

Je crois inutile de donner ici le détail des frais. — J'en signalerai l'importance en temps opportun.
J'en possède la note, acquittée par M. Tessier, mon avoué.

Paris, le 25 janvier 1869.

A Monsieur Henri LIONNET, *avocat aux Pamplemousses* (Ile Maurice.)

Monsieur,

Dans ma lettre de novembre dernier, je vous ai dit : « Ma conduite dépendra de la vôtre. » Et j'ai
ajouté : « Vous savez que je suis homme à tenir parole. »

Vous n'avez pas cru devoir répondre à cette lettre, et remplir non plus vos engagements. Conséquemment, force m'a été de livrer à l'impression et de réunir en brochure une partie de vos lettres, de
celles d'Elisa Lionnet et des miennes. A ces lettres sont jointes des réflexions que je recommande à vos
méditations.

Maintenant, il vous reste encore un moyen, — le dernier, — d'arrêter cette publication. Cinq cents
brochures, semblables à celle que vous recevrez en même temps que cette lettre, sont prêtes à partir. Voulant mettre jusqu'au bout de mon côté le bon droit et les bons procédés, et d'autre part, — j'insiste de
nouveau sur ce point ; — ayant à cœur de ne remuer les cendres de votre malheureuse sœur qu'à la dernière extrémité, me conformant en cela à ses volontés suprêmes, je suspendrai jusqu'à l'arrivée de la
malle prochaine, l'envoi des brochures, lequel ne sera pas fait, naturellement, si vous vous exécutez. Le
loisir vous sera ainsi laissé de prendre la détermination que votre jugement et votre conscience vous
suggéreront.

Je vous salue,
P.-EMILE ANTOINE.

Registred at Mauritius, one the fourth day
of september one thousand eight hundred
and sixty-eight. Register A. 147, Number
4,578. Received : nine pence.
Signed : *Illegible*.

RETURN OF NULLA BONA

The within, named and styled Henri Lionnet,
has no goods and chattel which I can seize, or take,
or deliver or pay over to the said Emile-Antoine, or
where of I can cause to be made the debt within
mentioned or any part there of according to the
exigency of this writ duly registered in Reg. C. 107,
Nr 4,489.

Dated in the District of Pamplemousses, this
fourth day of September in the year one thousand
eight hundred and sixty-eight.

The answer of Emile SERRET, of
Maillard Street, Port-Louis'
usher.

Costs : *L* 0. 8. 0

Registered at Mauritius, on the fourth day of
September one thousand eight hundred and
sixty-eight. Register A. 147, Number 4,579.
Received nine pence.
Signed : *Illegible*.